美ジュアル日本

新選組が京都で見た夢

動乱の幕末に青春を賭けた男たちがいた

写真◎中田昭

幕末の風雲児
新選組

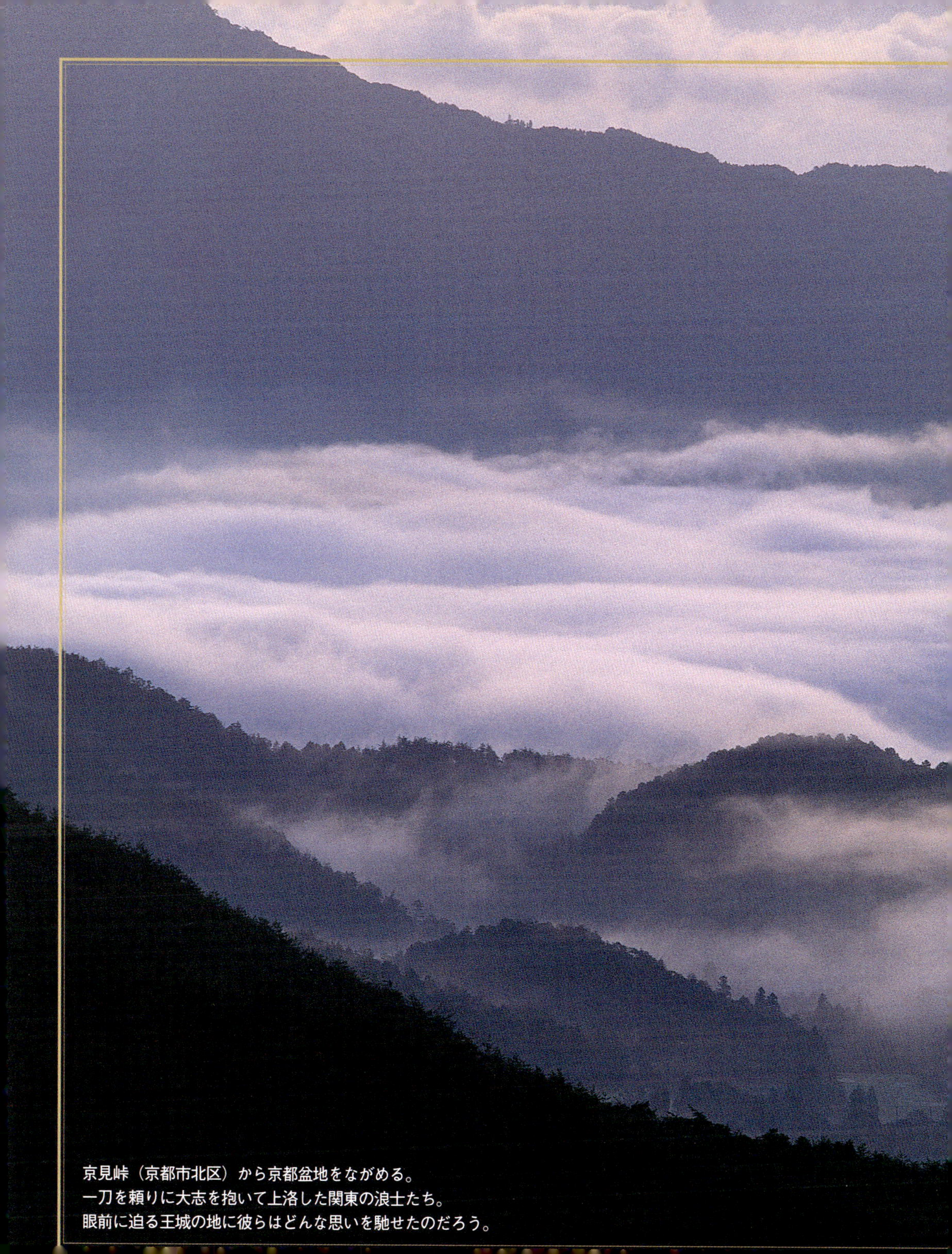

京見峠（京都市北区）から京都盆地をながめる。
一刀を頼りに大志を抱いて上洛した関東の浪士たち。
眼前に迫る王城の地に彼らはどんな思いを馳せたのだろう。

泰平の眠りを覚ました黒船の来航、幕末の始まり

嘉永《かえい》六（一八五三）年六月三日。アメリカ合衆国東インド艦隊司令長官・ペリー率いる四隻の黒船が浦賀《うらが》沖に来航した。そして、翌安政《あんせい》元（一八五四）年三月、徳川幕府は「日米和親条約《にちべいわしんじょうやく》」を締結する。ここに二百年余り続いた鎖国に終止符が打たれ、日本は諸外国に門を開いた。以後、国内の情勢は「開国派」と「攘夷派《じょういは》」とに分裂。双方の争いは、第十五代将軍・徳川慶喜《とくがわよしのぶ》が朝廷に大政《たいせい》を奉還《ほうかん》する慶応《けいおう》四（一八六七）年十月十四日までつづくこととなる。

ペリーの来航は、鎖国下で安穏とした平和をむさぼっていた日本人に衝撃を与えた。ときの筆頭老中《ひっとうろうじゅう》・阿部正弘《あべまさひろ》は、ペリーの開国要求を幕府の祖法《そほう》にかかわる重大事と認識。諸大名から広く意見を求めるが、かえって幕府自身の能力の欠如を露呈するかたちになる。そして、国内に「幕府頼むに足らず」という風潮が生まれ、逆に朝廷への期待が高まるのだ。その結果、「尊王《そんのう》」思想の機運が盛り上がることになる。

桜田門外の変は幕末に起こる暗殺事件の皮切りとなった。写真は桜田門外襲撃図。（幕末と明治の博物館蔵）

そもそも「尊王」という皇室崇拝《こうしつすうはい》の思想は、江戸時代の早い時期から、徳川御三家《ごさんけ》のひとつ水戸《みと》藩などを中心に醸成されていた。ペリーの来航はこの「尊王」思想に、「異人討つべし」という「攘夷」論をからませた「尊王攘夷」思想として幕末のうねりを生じさせることになるのだ。安政五（一八五八）年、幕府は日米修好《しゅうこう》通商条約《つうしょうじょうやく》を締結。しかし、これは朝廷の勅裁《ちょくさい》のない違勅条約《いちょくじょうやく》であるとして、全国に猛烈な反発を沸き起こすことになった。

この難局を打開するため幕府の大老《たいろう》に就任したのが井伊直弼《いいなおすけ》である。井伊は反対派を次々に処罰、安政《あんせい》の大獄《たいごく》とよばれる一連の弾圧を断行した。ところが安政七（一八六〇）年にその井伊が登城途中に暗殺されてしまう。これが「桜田門外の変」といわれる事件で、刺客《しかく》の多くは安政の大獄で多くの処罰者を出した水戸系の藩士であった。白昼、しかも江戸城の門前で幕府の最高権力者が惨殺されるという異常事態は、幕府の失墜をまざまざと浮き彫りにした。

こうした不安定な政局の安定を計るため、幕府は朝廷と幕府が提携する「公武合体論《こうぶがったいろん》」を提唱。ときの帝・孝明《こうめい》天皇の妹・和宮《かずのみや》を将軍・徳川家茂《いえもち》に降嫁《こうか》させることを奏請した。そして翌年三月四日には二百三十年ぶりの将軍の上洛(京都に行くこと)を実現させるのであった。

幕末の失政が偶発的に生んだ新選組という組織

その頃京では、過激な勤王《きんのう》派による佐幕《さばく》派要人の暗殺が横行していた。こうした治安の悪化に対応するため、幕府は京都の警護・政務を行っていた京都所司代《きょうとしょしだい》以上の権限を持つ京都守護《きょうとしゅご》職《しょく》を新設。その任に会津《あいづ》藩主・松平容保《まつだいらかたもり》を任命した。さらに幕府は出羽《でわ》藩士・清河八郎《きよかわはちろう》の意見を受け入れ、上洛する将軍・家茂の警護隊の結成を決める。このとき集まった浪人たちが新選組の始まりで、近藤勇《こんどういさみ》、土方歳三《ひじかたとしぞう》、沖田総司《おきたそうじ》らもこれに参加していた。

のちに新選組の局長となる近藤勇は、武州《ぶしゅう》・多摩郡《たまごおり》石原村(現在の東京都調布市)出身。上石原の富農・宮川久次郎《みやがわきゅうじろう》の子として生まれたが、剣の素質を見こまれ、天然理心流《てんねんりしんりゅう》の剣術道場を営んでいた近藤周助《こんどうしゅうすけ》の養子となった。上洛直前の近藤は、江戸・牛込柳町《うしごめやなぎちょう》に試衛館《しえいかん》という名の道場を営む若き主であった。

土方歳三は近藤の同郷で、武州・多摩郡石田村(現在の東京都日野市)生まれ。青年期、家伝の石田散薬《いしださんやく》を売り歩きながら剣術の腕をみがき、やがて試衛館に出入りするようになった。

天才剣士として名高い沖田総司は、江戸詰めをしていた白河《しらかわ》藩士の子として生を受け、三人のなかではただひとり、生まれながらの武家階級であった。しかし、総司が三歳のときに死亡した父親・勝次郎《かつじろう》の身分は足軽小頭《あしがるこがしら》という軽格であり、れっきとした武士とはいいがたい。

新選組はけっして計画的に組織化されたわけではない。むしろ幕府の失政が偶発的に生んだ組織と言っていい。当初、浪士身分のまま自発的に京洛の警備を行っていたところ、京都守護職・松平容保の知遇を受けて身分が確定する。

多摩のさむらい百姓が、武州の土くさい草むらから出て一刀を頼みに入洛し、やがて飛龍雲をつかむがごとく昇りつめていくことができたのは、乱世ゆえの奇観といえよう。新選組とは、幕末期が生んだ時代の子にほかならない。

急進派公卿・姉小路《あねのこうじ》公知《きんとも》が暗殺された京都御所・猿が辻付近

隊士たちが駆け抜けた京の町を流れる高瀬川。

壬生寺に建てられた近藤勇の胸像。

幕末の京都中で恐れられた「誠」の旗。（袖章／霊山歴史館蔵）

写真協力（五十音順） 石黒コレクション／株式会社田野製袋所／株式会社京都鶴屋鶴寿庵／京都全日空ホテル／京大和／高知県立坂本龍馬記念館／国立国会図書館／小島資料館／西郷南洲記念館／財団法人角屋保存会／財団法人徳川記念財団／財団法人日本相撲協会／佐川町立青山文庫（高知県）／下関市立長府博物館／尚古集成館／松竹株式会社／函館市立函館図書館／函館市立函館博物館／新徳寺／泉涌寺／東京国立博物館／梨木神社／幕末と明治の博物館／本光寺／港区立みなと郷土資料館／壬生寺／明治神宮聖徳記念絵画館／山口県立山口博物館／霊山歴史館／料亭幾松

新選組組織図

※この表は慶応元年６月の編成です。

局長
近《こん》藤《どう》勇《いさみ》

副長
土《ひじ》方《かた》歳《とし》三《ぞう》

参謀
伊《い》東《とう》甲《か》子《し》太《た》郎《ろう》

勘定方
河《か》合《わい》耆《き》三《さぶ》郎《ろう》
尾《お》関《ぜき》弥《や》四《し》郎《ろう》
酒《さか》井《い》兵《ひょう》庫《ご》
岸《きし》島《じま》芳《よし》太《た》郎《ろう》

組頭

一番	沖《おき》田《た》総《そう》司《じ》
二番	永《なが》倉《くら》新《しん》八《ぱち》
三番	斉《さい》藤《とう》一《はじめ》
四番	松《まつ》原《ばら》忠《ちゅう》司《じ》
五番	武《たけ》田《だ》観《かん》柳《りゅう》斎《さい》
六番	井《いの》上《うえ》源《げん》三《ざぶ》郎《ろう》
七番	谷《たに》三《さん》十《じゅう》郎《ろう》
八番	藤《とう》堂《どう》平《へい》助《すけ》
九番	三《み》木《き》三《さぶ》郎《ろう》
十番	原《はら》田《だ》左《さ》之《の》助《すけ》

伍長20人

平隊士100名

諸士調役兼観察
山《やま》崎《ざき》烝《すすむ》
篠《しの》原《はら》泰《たい》之《の》進《しん》
新《あら》井《い》忠《ただ》雄《お》
芦《あし》屋《や》昇《のぼる》
吉《よし》村《むら》貫《かん》一《いち》郎《ろう》
尾《お》方《がた》俊《しゅん》太《た》郎《ろう》

土方歳三肖像
（戦友絵姿／函館市立函館博物館蔵）

第一章

風雲

～新選組誕生～

鴨川に架かる三条大橋（かもがわにかかるさんじょうおおはし）江戸より上洛した隊士たちを出迎えたのは、中山道の終点・三条大橋と四季折々に姿を変える京の象徴・鴨川の流れであった。

関東の腕利きたち、将軍警護のため京へのぼる

浪士組《ろうしぐみ》と呼ばれる一団が、江戸からの長い旅を終え、壬生村《みぶむら》に旅装を解いたのは、文久《ぶんきゅう》三（一八六三）年二月二十三日のことだった。

浪士組とは、出羽庄内《でわしょうない》（現在の山形県）の郷士・清河八郎《きよかわはちろう》の提唱により、同年三月に上洛予定の第十四代将軍・徳川家茂《とくがわいえもち》を京で警護するという名目で集められた組織である。

この頃、京では幕府を打ち倒そうとする倒幕派《とうばくは》志士が幕府の要人を暗殺する事件が頻発しており、京の町の治安は危険極まりなかった。これに頭を抱えた幕閣《ばっかく》は、浪士たちを上洛させ、将軍の警護に当たらせようという「浪士をもって浪士を制する」清河の策を採用したのだ。

集合場所の江戸・小石川伝通院《こいしかわでんつういん》には、関東一円から腕に覚えのある者が集まり、その数は三百人を越えた。しかし、なかには無頼《ぶらい》の徒も少なくなく、当時の町人の目撃談によれば僧形《そうぎょう》の者や蓬髪《ほうはつ》の者もいた。また、服装もまちまちで、羽織袴で正装した者もいれば股引半纏《ももひきはんてん》の者もまぎれこんでいたという。

近藤勇《こんどういさみ》をはじめとした試衛館《しえいかん》の面々も浪士組徴募に応じたのだが、このときはまだ大勢のなかの一員にすぎず、むしろ、目を引いたのは、鹿皮の紋付きを着揃えた芹沢鴨《せりざわかも》を首領とする水戸天狗党《みとてんぐとう》だった。芹沢は水戸藩の出身で、あやまちから人を斬り投獄されていたが、浪士組に参

壬生屯所（みぶとんしょ）浪士たちの宿である屯所は、京洛西郊、現在の京都市中京区の壬生村に置かれた。幕末当時の壬生村は、郷士屋敷と農家が点在するのどかな一帯であった。写真は八木邸。▼138ページ

加。さらに、浪士隊を組に分ける際、三番《さんばん》組《くみ》小頭《こがしら》という役についている。一方、近藤を含む試衛館一派は、その下につく平《ひら》隊士にすぎなかった。

京への道中こんな事件があった。隊士たちの宿を手配する係となった近藤が、芹沢の宿を取り忘れてしまったのだ。このまま野宿すると怒りだす芹沢に、ひたすら頭を下げて謝る近藤。のちに表面化する二人の対立は、このときすでに始まっていたのかもしれない。

とまれ、二月八日、江戸を出立した浪士組二百三十四名は中山道《なかせんどう》を経て、風雲匂い立つ京に着陣する。しかし、壬生村郷士・八木源之丞《やぎげんのじょう》邸に宿を取った近藤たちには、草鞋《わらじ》を脱ぐ暇もなく布令《ふれ》がまわった。

「主だった浪士は新徳寺《しんとくじ》に集結せよ」

そこで近藤らは、清河の意外な本心を耳にする。

八木邸（やぎてい）上洛当初の屯所。隊士たちは八木邸の長屋門右柱に「会津肥後守御預新選組宿」の表札を掲げ、しみじみと眺めては喜んでいたという。▶138ページ

旧前川邸（きゅうまえかわてい）浪士組は、新徳寺と八木源之丞邸のほか、八木邸のはす向かいの前川荘司邸も屯所として接収した。▶138ページ

将軍警護の裏に秘められた清河八郎《きよかわはちろう》のもくろみ

慌ただしく本堂に集められた浪士《ろうし》たちに向けて清河八郎《きよかわはちろう》が切りだしたのは、思いもかけぬ話であった。

「将軍警護とは表向き。われら浪士組はこれより王城《おうじょう》の地で天皇の御親兵《ごしんぺい》となり、尊王攘夷《そんのうじょうい》の魁《さきがけ》とならん」

尊王攘夷とは幕末にわかに盛んになった思想で、天皇を中心とした国づくりをし、外国勢力を遠ざけようとする考えのことをいう。つまり清河は、上洛する将軍の警護ではなく、都で天皇を守りながら外国勢力と闘おうと呼びかけたのである。

清河のこのもくろみがかねてから練られたものだったことは、その晩に朝廷へ上書を出したことからもわかる。上奏書《じょうそうしょ》は翌日、朝廷の国事参政役《こくじさんせいやく》が詰める御所の学習院《がくしゅういん》に提出さ

清河八郎（きよかわはちろう）浪士組結成の立役者。山岡鉄舟らと尊王攘夷運動に傾倒する。江戸へ引き上げたのち治安維持にあたるが、最後は江戸・麻布で幕府の手の者に暗殺されてしまう。享年33歳。（提供／霊山歴史館）

新徳寺（しんとくじ）浪士組の取締役や世話役《せわやく》並《ならび》目付方《めつけかた》が宿泊する「上洛取締役本部」とされていた寺。壬生寺の向かいに位置し、「新徳さん」の愛称で親しまれている。▼138ページ

れ、朝廷からは「攘夷に励むように」といった意が示された。

思いがけない話に呆然としながらも、集まった浪士たちは清河の言葉を受け入れる。彼らにも攘夷の意識は濃厚にあっただろう。だが、実際は、せっかく手に入れた職を失いたくないという気持ちになった者も多かったのではないか。

それからわずか六日後、清河は今度は、突如として江戸帰参を宣言。江戸の治安悪化が理由とされているが、その実は清河の勝手な動きを危険視した幕閣・板倉《いたくら》周防守《すおうのかみ》が、浪士組を江戸に戻さんと画策したためだったといわれている。

この清河の宣言に対し、「われらは幕府の徴募に応じたのであり、将軍家からの沙汰なくば京の地を離れることはできない」と主張する一群が浮上した。近藤勇《こんどういさみ》以下試衛館《しえいかん》一派と芹沢鴨《せりざわかも》ら水戸天狗党《みとてんぐとう》であった。

新徳寺本堂（しんとくじほんどう） 清河八郎が浪士たちに真意を明かした場所。40名ほどの浪士たちが清河の演説を聞いたが、このとき席を立ったのはただひとりであったという。▼138ページ

天皇と将軍の警護をしたいと嘆願書を提出

近藤《こんどう》勇《いさみ》らの京都残留の主張に、いったんは衝撃を受けた清河《きよかわ》だが、翌月には浪士隊《ろうしたい》二百数名を引き連れ、さっさと江戸へ引き上げてしまった。

一方、清河と決別し京に留まった二十余名は、所詮は身分も定まらぬ浪士の群れにすぎなかった。

新選組顕彰碑（しんせんぐみけんしょうひ）「新選組同好会」が平成7年に建てた壬生寺境内の石碑。寺には新選組の逸話が数多く残る。

土方歳三（ひじかたとしぞう）「鬼の副長」の異名をもつ近藤勇の腹心。もともとは、近藤の経営する剣道場・試衛館の門弟であった。（函館市立函館図書館蔵）▶130ページ

そこで近藤たちは、前年から京都《きょうと》守護職《しゅごしょく》に就任していた会津《あいづ》藩主・松《まつ》平容保《だいらかたもり》に宛てて、自分たちの後見人になってほしいという嘆願書を提出した。それによると、「天朝《てんちょう》を御守護奉り候は勿論、ならびに大樹公《たいじゅこう》（将軍）御警護」が上洛の目的であるとし、もし、願いが聞き入れられないときには「またぞろ身を隠し、浪々の身に相成り、天朝ならびに大樹公御守護」したいとまで述べている。

つまり、上洛した目的は「天皇と将軍の警護が目的」であり、これが叶わない場合は「姿を隠して流浪の身になり天皇と将軍の警護をする」と訴えているのだ。

さらに、彼らは誰に命じられたわけでもなく市中警護《しちゅうけいご》を始めた。これは、自分たちの存在を幕府に知らしめるためだけでなく、江戸から上洛している将軍の警護をしたいという希望の表れだったのだろう。

近藤勇（こんどういさみ）新選組の局長。江戸・試衛館の道場主。優れた決断力と統率力で、将軍を警護すること、幕臣になることを目標に隊士たちを導いた。（小島資料館蔵）▶130ページ

雪化粧した金戒光明寺（ゆきげしょうしたこんかいこうみょうじ）浄土宗の大本山のひとつで京都守護職を拝命した会津藩の本陣となった寺。▶141ページ

会津藩が守った京都御所（あいづはんがまもったきょうとごしょ）松平容保が就いた京都守護職は、町の治安維持だけでなく御所や天皇の守護も目的とした。（京都市上京区）

京都守護職《きょうとしゅごしょく》
御預身分《おんあずかりみぶん》となり
壬生浪士組《みぶろうしぐみ》を名乗る

会津藩公用方《あいづはんこうようがた》が浪士《ろうし》たちの嘆願書を受理したのは、文久《ぶんきゅう》三（一八六三）年三月十五日のことだった。黒谷《くろだに》の守護職《しゅごしょく》邸へ呼ばれた浪士たちは、この日から正式に「松平《まつだいら》肥後守《ひごのかみ》御預《おんあずかり》身分《みぶん》」となり、「新選組」の隊名を賜るまでの間、「壬生浪士組《みぶろうしぐみ》」を自称することになる。

ところで浪士たちの後見役となった会津《あいづ》・松平家は、幕末の悲運を一手に引き受けてしまった感がある。藩祖《はんそ》・保科正之《ほしなまさゆき》が二代将軍・秀忠《ひでただ》の実子であり、同時に三代将軍・家光《いえみつ》の異母弟でもあった同藩の立場は、「もし、主君が将軍家に背くことあらば、けっしてそれに従うな」という将軍家への忠誠を誓った家訓《かきん》からも察することができる。

幕府は近藤勇《こんどういさみ》らが、京残留の嘆願書を提出する前年の文久二（一八六二）年閏《うるう》八月、時の会津藩藩主《あいづはんはんしゅ》・松平《まつだいら》容保《かたもり》を新設の京都守護職に任命した。筆頭家老《ひっとうがろう》・西郷頼母《さいごうたのも》は、主君に辞退を勧めたが、容保はこれを拝受。主従は涙ながらに決死の覚悟を固めるのだが、この逸話から、当時、京都守護職に就くことがいかに難事であったかがわかる。

容保は幕府と朝廷が提携し、政局の安定を計ろうとする公武合体《こうぶがったい》論を強く支持していた。彼にとって孝明《こうめい》天皇へ忠節を尽くすことは、幕府への忠義に通じるも同じだった。容保は、孝明天皇からも深く信頼を寄せられ、何度も「汝の忠誠を喜ぶ」という内容の書状を賜っている。都の警備にいそしみ、なにより腕の立つ人材を渇望していた会津藩にとって、浪士たちの嘆願は願ってもない申し入れだったのだろう。

松平容保（まつだいらかたもり）会津藩第9代藩主。公武合体に力を尽くし、傾いてゆく徳川家と運命をともにした。晩年は日光東照宮の宮司として生きた。（個人蔵）

士道《しどう》にこだわる組織の苛烈《かれつ》なまでの鉄の掟、局中法度書《きょくちゅうはっとしょ》の制定

壬生浪士組《みぶろうしぐみ》は、発足当初から極めて効率的な機能を持つ集団であった。彼らは自分たちの組織を京都守《きょうとしゅ》護職《ごしょく》の一部署としてとらえていたことからこれを「局《きょく》」と称し、その長を「局長《きょくちょう》」と呼んだ。

組織を結成した初期段階では、局《きょく》長筆頭《ちょうひっとう》に芹沢鴨《せりざわかも》を、芹沢につぐ格の局長に近藤勇《こんどういさみ》を置く二頭体制であったが、芹沢が死去したのちは、近藤がひとりで局長職を務めた。また、局長の下に置かれていた副長《ふくちょう》職には当初、土方歳三《ひじかたとしぞう》、新見錦《にいみにしき》、山南敬助《やまなみけいすけ》の三名が就いたが、新見は隊規違反で切腹させられ、山南ものちにはずされたようだ。そして、こちらも局長同様、最後まで土方がひとりで務めあげることになる。さらに副長に直属する副長助勤《ふくちょうじょきん》という幹部職には沖田総司《おきたそうじ》、永倉新八《ながくらしんぱち》ら、結成以来の同士たちが名をつらねた。

ここで注目すべきは、助勤が局長にではなく副長に直結していることだ。おそらくなんらかの問題や失策が発生した際、責任が局長に及ばないように配慮したためだろう。つまり、問題の責任を副長段階で食い止め、局長を温存する策と思われる。

そして隊の規律を保つために策定されたのが、鉄の掟として知られる「局中法度書《きょくちゅうはっとしょ》」である。永倉新八の遺談によれば「局中法度書」というのは以下の五箇条からなっている。

一、士道《しどう》に背くまじき事

一、局を脱するを許さず

盂蘭盆万灯供養会（うらぼんばんとうくようえ）壬生寺では、隊士たちの剣の稽古や砲術の指南なども行われた。写真は毎年8月に行われる万灯供養会。1000個以上の灯籠や蝋燭球を灯し、先祖の精霊を供養する。▼138ページ

一、勝手に金策いたすべからず
一、勝手に訴訟をとりあつかうべからず
一、私の闘争を許さず
右の条々《じょうじょう》に相背《あいそむ》き候者《そうろうもの》は、切腹申しつくべく候也

新選組ほど、士道にこだわった組織はないといわれる。江戸の泰平三百年は代々家禄《かろく》を食《は》んできた武家層を骨抜きにしたが、彼ら職業武士と、「局中法度書」を対比させると、その苛烈《かれつ》さは鮮やかすぎるほどだ。実際、この掟はただの空文《からぶん》ではなく、「士道に背いたかど」により、多くの隊士たちが腹を切らされた。

組織固めや法度書の作成が整えられたのは、この頃行われた新入隊士の勧誘がきっかけとされる。強力な警護を期待され、それに応えるためにも、ことさら厳しい組織とならざるを得なかったのであろう。

「誠」の隊旗（「まこと」のたいき）壬生浪士組の面々は、制服に合わせて隊旗も作成した。永倉新八は隊旗について「六尺（約182センチメートル）の大旗　—中略—　旗は赤字に白く『誠』の一字を染め抜いたもの」と語っている。

赤穂浪士《あこうろうし》を模した制服《せいふく》と隊旗《たいき》の「誠」の文字に託された武士の気概

会津藩御預《あいづはんおんあずかり》として身分が確定したとはいえ、上洛当初の浪士《ろうし》たちの風体《ふうてい》は、不逞《ふてい》の輩かと見まがうほどにばらばらであった。そこで浪士たちは、まず自分たちの姿かたちからあらためようとした。

文久《ぶんきゅう》三（一八六三）年四月初旬、局長筆頭《きょくちょうひっとう》の芹沢鴨《せりざわかも》は七人の隊士をともなって、大坂へくだり、豪商・鴻《こうの》池善右衛門《いけぜんえもん》家《け》から、二百両（現在の七百万円程度）の金子《きんす》を供出させた。だが実態は、供出というより恫喝《どうかつ》に近いもので、七人の血気盛んな男たちを引き連れた芹沢の要求を、鴻池は飲まざるを得なかったのだろう。

資金を得、京に戻った芹沢らは、さっそく大丸《だいまる》呉服店松原店から番頭を呼びつけて、麻の羽織や紋付きの単衣、小倉袴を新調した。白と浅葱《あさぎ》を山形に染め抜いた麻の羽織は、そののち、芝居や映画などでも馴染みとなる。

羽織にあえて浅葱色を採用したのには理由がある。新選組が赤穂浪士《あこうろうし》を武士の鑑《かがみ》と仰いでいたことは、永《なが》倉新八《くらしんぱち》の遺談などから明らかだが、この赤穂浪士が切腹の際に着用したのが浅葱色の切腹《せっぷく》裃《かみしも》だったのだ。

口さがない京の人々から「壬生浪《みぶろ》」とさげすむように呼ばれていた浪士たちだが、この羽織からは生粋《きっすい》の武士以上に武士たらんとした、その気概が伝わってくる。

近藤勇の鎖帷子（こんどういさみのくさりかたびら）上洛の際に、近藤勇が譲り受けたとされる鎖帷子。「池田屋騒動」でもこれを着用した。（霊山歴史館蔵）

塩冶浪士
大星由良之助
塩冶浪士
塩冶浪士
富森助右衛門

仮名手本忠臣蔵（かなてほんちゅうしんぐら）新選組の羽織や旗の「山形模様」は、赤穂浪士の討ち入りの衣装をもとにしている。写真は第十一段、師直邸の表門での勢揃い。（大星由良之助・市川団十郎・大星力弥・尾上松也　提供／松竹株式会社）

隊士たちの都遊び

殺伐とした日々のなか、男たちのなぐさみとなったものとは

内では厳しい規律に縛られ、外では過酷な斬り合いの連続だった隊士たち。そんな日常を過ごす彼らは、どのようにして、英気を養っていたのだろうか。

隊士たちの日常は、市中の巡察や不逞浪士《ふていろうし》の取り締まり、それに幕府の要人警護などの任務に加え、日々の武術訓練も課せられていた。

しかし、非番の日は比較的自由に過ごすことが許されていたようで、碁や将棋を打ったり、気の合う者同士で現在の喫茶店に当る水茶屋《みずぢゃや》へ出かけたりした。年若い隊士たちは近所の子どもたちの遊び相手になることもあったようで、沖田総司《おきたそうじ》が壬生寺《みぶでら》の境内で子どもらと鬼ごっこやまりつきに興じていたという目撃談も伝わっている。また、芝居見物も人気があり、酒に酔った隊士が南座《みなみざ》の舞台にあがり、観客のひんしゅくを買ったという話もある。

そして、斬るか斬られるかの緊張した日々を過ごす隊士たちをなぐさめたのは、やはり花街《かがい》の女たちであった。当時、京の主な花街は島原《しまばら》と祇園《ぎおん》だったが、敷居の高い祇園より、庶民的な雰囲気の島原のほうが新選組の隊士には人気があったようだ。近藤勇《こんどういさみ》や土方歳《ひじかたとし》三《ぞう》はもちろん、原田左之助《はらださのすけ》や山南敬助《やまなみけいすけ》、永倉新八《ながくらしんぱち》など、主だった隊士たちにはそれぞれ馴染みの太夫がいたという。ちなみに、長州藩の志士たちは祇園をひいきにしていたようだ。いずれにしても、血なまぐさい日々を送る男たちにとって、女と酒はいっときの安らぎを与えてくれるものだったにちがいない。

割られた炮烙（わられたほうらく）狂言の演目「炮烙割り」で割られた炮烙のかけら。炮烙は参拝者が節分に名前を書いて奉納したもので、割られることで厄を落とす。また、同じく演目「土蜘蛛」で撒かれた糸は厄除けのお守りとされる。

壬生狂言「土蜘蛛」（みぶきょうげん「つちぐも」）「壬生狂言」は、仏教説話を演じる無言劇。鎌倉時代に円覚上人によって始められた。演者は狂言師ではなく、壬生狂言を残そうという有志の人々。写真は演目「土蜘蛛」の一場面。

壬生狂言「炮烙割り」（みぶきょうげん「ほうらくわり」）新選組隊士たちは壬生寺の境内で、会津藩士たちとともに壬生狂言を観劇したと記録されている。現在、壬生狂言は国の重要無形民俗文化財に指定されており、上演する演目は30曲ある。写真は演目「炮烙割り」の一場面。

南座顔見世（みなみざかおみせ）南座は、元和（1615〜1623）年間に京都四条河原町に公許された7カ所の櫓《やぐら》の伝統を今に伝える劇場。顔見世は新しい1年の座組みを紹介する特別な興行で、毎年11月1日に開かれる。（京都市東山区）

島原（しまばら）隊士たちに愛された花街・島原は、現在も町家造りの建物や大門など古い町並みを保存している。写真は島原にある昔通りの用水桶。

島原の提灯（しまばらのちょうちん）島原一帯は、現在も花街であった頃の風情をしのばせる。写真は島原の入口に当たる島原大門にかけられている左右一対の提灯。

島原太夫（しまばらだゆう）花街・島原で遊芸などを披露する格の高い女性のこと。現在も置屋・輪違屋《わちがいや》には島原太夫が籍を置いている。写真は、常照寺（京都市北区）で行われる「吉野太夫花供養」に参る島原太夫。

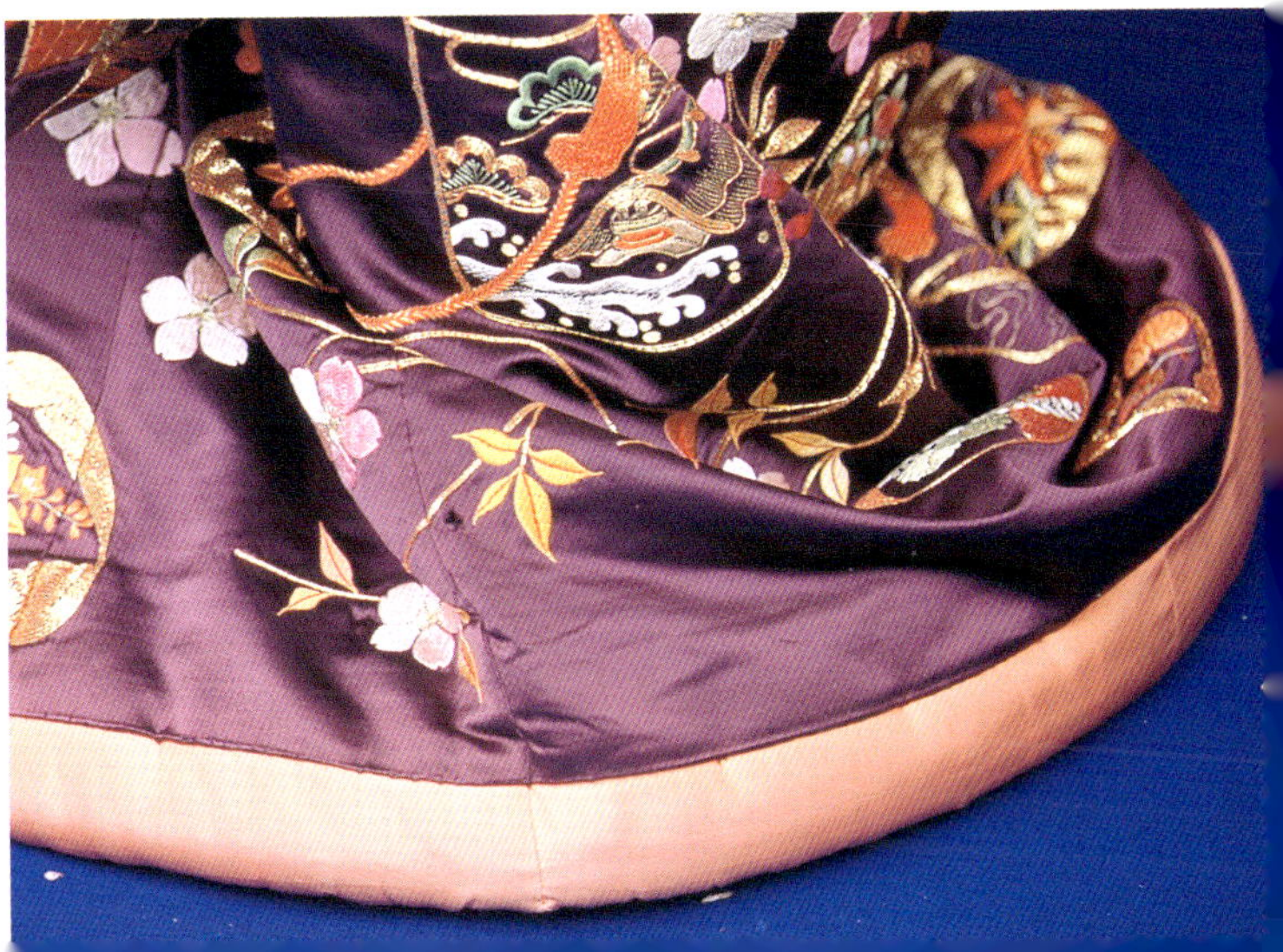

角屋（すみや）新選組隊士たちは、京の花街でも悪名を残している。芹沢鴨は角屋に訪れた際、客扱いが悪いと暴れて店の什器類を破壊したうえ、勝手に7日間の営業停止を申し渡した。写真は現在の角屋。（協力／財団法人角屋保存会）▶139ページ

上層部が頭を悩ませた芹沢鴨《せりざわかも》の傍若無人な振る舞い

発足当初、組織の実質的な長だった芹沢鴨《せりざわかも》は、数々の乱暴をはたらいたことで知られている。

たとえば、大坂にくだったときには、相撲取りたちと騒ぎを起こし、力士数名を斬殺。さいわい相撲取り側とは和解し、手打ちのしるしとして浪士《ろうし》たち主催の相撲興行《こうぎょう》が執り行われたのだが、当の芹沢はこれを欠席。しかも、あろうことか興業当日、彼は一条葭屋《いちじょうよしや》町の生糸商・大和屋《やまとや》を焼き討ちするという騒ぎを起こしている。これは、大和屋が芹沢からの御用金《ごようきん》の申し入れに対し、供出を拒否したことが原因とされているが、近藤勇《こんどういさみ》らに対抗しての行為であることは明らかだ。

芹沢の狼藉譚《ろうぜきたん》は数多く伝えられる。そして、そこから浮かびあがるのは、後世脚色された感はあるにせよ粗暴で人徳に欠けた人物像だ。

文久《ぶんきゅう》三（一八六三）年の秋口まで、かのような御仁《ごじん》を冠にいただいていた組織が、壬生浪士組《みぶろうしぐみ》であったのだ。まだ、組織の発足から間もない時期である。突如、降って湧いたかの如く現れた浪士の群れを、京のひとびとは恐れおののき、見つめていたにちがいない。王城《おうじょう》の守護者をもって任じていた近藤、土方《ひじかた》らが心中苦い思いでわが隊長の行跡を見つめていたことも容易に想像できる。

だが、それ以上に頭を抱えていたのは、彼らを配下に置いていた会津《あいづ》藩上層部だった。

かくして近藤、土方らに芹沢排除の密命がくだる。しかし、彼らは表面上では局長筆頭《きょくちょうひっとう》としての芹沢を立て、その裏でひそかに暗殺の機会をうかがうのであった。

角屋に残る柱の傷（すみやにのこるはしらのきず）
芹沢が酔った勢いで抜刀し、暴れたときにつけた傷といわれている。芹沢は酒好きで、どんなときでも酒の匂いがしていたという。（協力／財団法人角屋保存会）▶139ページ

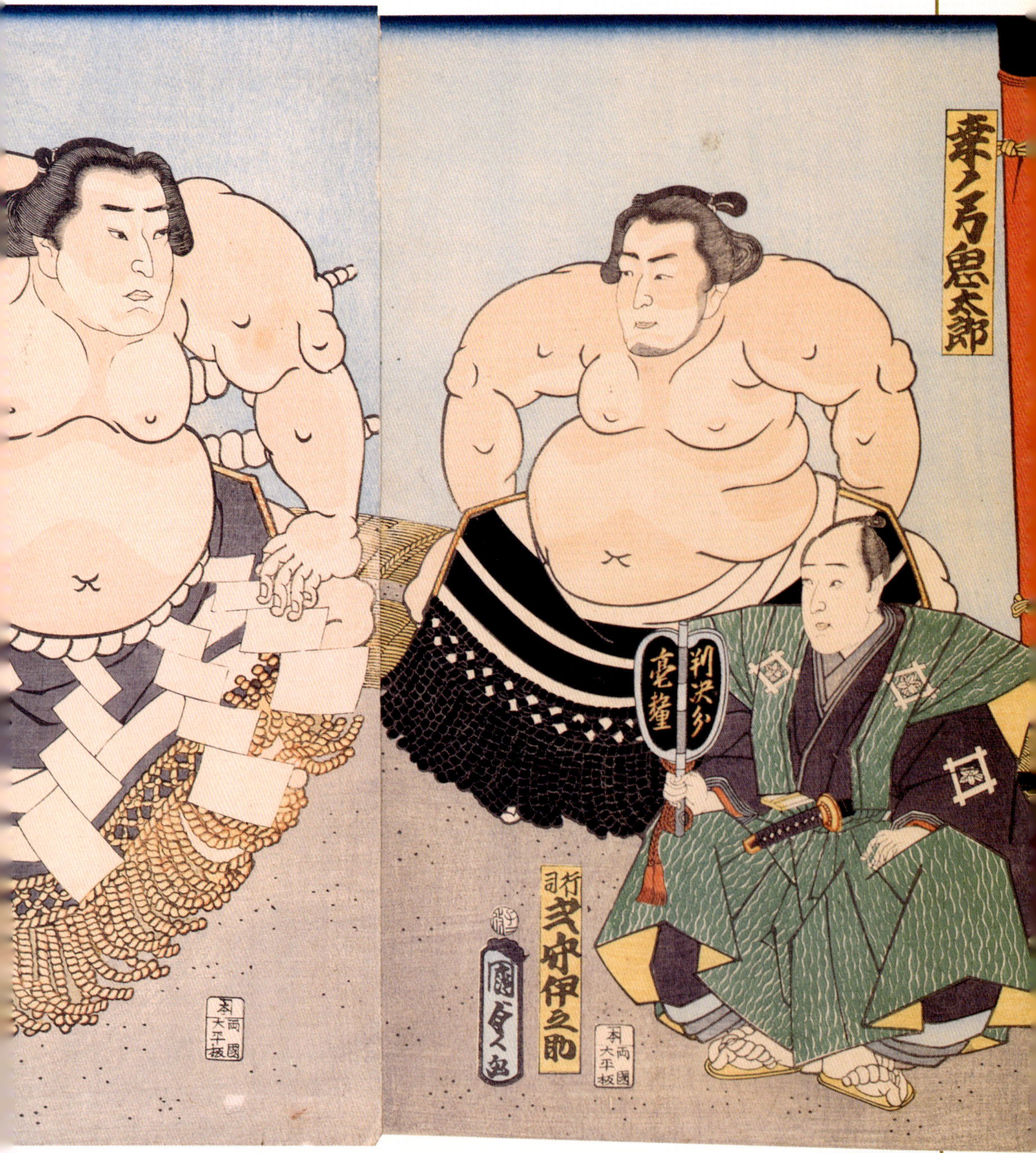

幕末の横綱（ばくまつのよこづな）相撲興行で新選組は警備を担当。黒の紋付に白い袴の姿で行儀よく見物したという。絵は幕末に活躍した第11代横綱・不知火光右衛門。（財団法人日本相撲協会蔵）

横綱土俵入之圖
君ケ嶽岩之助
不知火光右衛門
玉垣額之助
國貞画
國貞画

初仕事となった八《はち》・一《いち》八《はち》政変。長州藩は京を追われる

文久《ぶんきゅう》三（一八六三）年の夏まで朝廷で力を持っていたのは、三条実美《さんじょうさねとみ》ら攘夷派《じょういは》公卿と、三条の信任厚い久《く》留米《るめ》藩出身の神官・真木《まき》和泉《いずみ》に代表される長州閥《ちょうしゅうばつ》であった。しかし、公《こう》武合体《ぶがったい》を願う孝明《こうめい》天皇は、討幕の意を露わにする長州閥に危惧を覚え、親幕派《しんばくは》の中川宮《なかがわのみや》に「暴論の堂上《どうじょう》を退けよ」という内意を授けた。

中川宮から天皇の真意を知らされ、すかさず動いたのが薩摩《さつま》藩である。かねてから長州の朝廷独占に危機感を抱いていた同藩は、京都守護《きょうとしゅご》職《しょく》の会津《あいづ》藩と連係し、長州追い落としを画策したのだ。

かくして八月十八日早朝、政変は静かに実行に移された。御所《ごしょ》の九カ所の門は会津、薩摩、淀《よど》の各藩兵でしっかりと固められ、長州藩を堺町門警備の任から排除したのである。

翌十九日、ついに久坂玄瑞《くさかげんずい》ら長州藩は三条実美《さんじょうさねとみ》を含む七名の公卿をともない、京都から領国に退いた。世にいう「七卿落《しちきょうお》ち」だ。この政変はさいわいなことに、戦火をまじえることなく済んでいる。

これより朝廷の主役は急進派長州閥から、公武合体派に移行するのだった。

壬生浪士組にとってこの政変は初

三条実美（さんじょうさねとみ）急進的な尊攘派公卿のひとり。政変勃発時には長州兵と関白邸へのりこんでいる。維新後は新政府の首脳陣になったが、実質的な権力は握れなかった。（梨木神社蔵）

久坂玄瑞肖像（くさかげんずいしょうぞう）松下村塾で高杉晋作と並ぶ英傑と称された才物。長州の尊王攘夷派の急先鋒であり、三条実美らと手を結ぶ。「八・一八政変」時は七卿を天王山まで見送り、自身は京で攘夷活動をつづけた。

七卿落図（しちきょうおちず）薩会《さっかい》に京を追われ、三条実美と長州藩は領国へ向かう。夜陰にまぎれ、雨の降るなかを進むという惨めな一行であった。（梨木神社蔵）

仕事となった。新調したばかりの制服に身を包み、「誠」の文字を染め抜いた隊旗を翻しながら、五十二名の隊士たちは蛤御門《はまぐりごもん》を目指した。

しかし、局長筆頭《きょくちょうひっとう》・芹沢鴨《せりざわかも》を先頭に御所に入ろうとした隊士たちを、蛤御門を固めていた会津藩兵が不審に思い、呼び止める。

このとき芹沢は、誰何《すいか》の声やつきつけられた槍にひるむことなく堂々と応じた。この姿を目の当たりにした会津藩兵が、以後、浪士たちを見る目が変わったのはいうまでもない。「八《はち》・一八政変《いちはちせいへん》」は、浪士《ろうし》たちに一大契機をもたらした。事件当夜、彼らには朝廷と幕府の取次ぎ役である武家伝奏《ぶけてんそう》を通じて「新選組」の隊名を賜るとの通達が届いたのだ。

かくして、江戸から三々五々集まった浪士たちは、「新選組」という武闘派集団として動乱の京都に根を下ろすのであった。

堺町御門（さかいまちごもん）「八・一八政変」のきっかけは、長州藩が堺町御門の警衛役を解かれたことから始まった。（京都市上京区）

孝明天皇（こうめいてんのう）江戸期最後の天皇。公武合体政策に力を尽くし、京都守護職・松平容保に深い信頼を寄せる。（泉涌寺蔵）

和《かず》宮《のみや》

朝廷と幕府の掛け橋となった皇女《こうじょ》

幕末という激動の時代は、女性たちの運命にも影響を与えた。平時ならなにごともなく一生を終えたはずの皇女・和宮も、時代に翻弄された女性のひとりだった。

和宮の悲劇は現在も語り継がれている。写真は時代祭の和宮。

ときの孝明《こうめい》帝の妹・和宮が十四代将軍・徳川《とくがわ》家茂《いえもち》に降嫁したのは、文久《ぶんきゅう》二（一八六二）年のこと。これは、公武合体政策の一環として進められたもので、つまりは政略結婚だった。有栖川宮熾仁《ありすがわのみやたるひと》というれっきとした婚約者がいた和宮は、いったんはこの話を拒絶する。しかし、兄の孝明天皇が譲位《じょうい》を口にするにいたり、最後は承諾するよりなかった。

江戸城・大奥に入った和宮には、前将軍・家定《いえさだ》の正妻であった天璋院《てんしょういん》が姑として待ち構えていた。二人の間には確執があったともいわれているが、夫の家茂が心優しいこともあり、夫婦仲は睦まじかったようである。しかし、結婚から四年あまりで家茂は急逝してしまう。

その後、剃髪《ていはつ》して仏門に入った和宮は、ただ一心に徳川家に殉じて生きた。京の朝廷に徳川家の存続を訴える手紙を書いているが、その切々たる文面には徳川の女としての自覚があふれている。没年は明治十（一八七七）年、享年三十二歳であった。

京都御苑に咲く桃。京都に帰ったのち再び江戸に戻った和宮は、死後、夫・家茂が眠る増上寺に葬られた。

第二章
激闘
～決戦の日々～

新選組隊士慰霊祭（しんせんぐみたいしいれいさい）祇園祭の宵宮の日、壬生寺では新選組の「池田屋騒動」を記念して「新選組隊士慰霊祭」が行われる。この行事は昭和46年からつづいている。

誠

新選組誕生。山形羽織を着た隊士の姿、京の町に定着する

　壬生浪士組《みぶろうしぐみ》が正式に「新選組」を名乗るようになったのは、文久《ぶんきゅう》三（一八六三）年に起こった「八《はち》・一《いち》八政変《はちせいへん》」の功績によるものとされる。隊士《たいし》のひとり・島田魁《しまだかい》が記した『島田魁日記』には「長州人引き揚げ時、当組南門前を守備。伝奏《てんそう》より新選組の隊名を下さる」つまり、「長州藩が引きあげたとき御所の南門を守護し、武家伝奏から『新選組』の隊名を与えられた」と書かれている。

　だが、「新選組」という隊名は、もともと会津《あいづ》藩の軍制のなかにみられる名で、本陣の藩主護衛役《はんしゅごえいやく》のために諸芸に秀でた藩士《はんし》の子弟三十人を選抜して作られた組織名なのだ。藩の由緒ある隊名を、壬生浪士組に授けた会津藩の行為から、近藤勇《こんどういさみ》らに対する期待の大きさがうかがえる。

　ちなみに「新選組」の「せん」の字については、資料には「新選組」と「新撰組」の両方の文字が混在してみられる。組の印鑑は「選」だが、公用文書の多くには「撰」が用いられているし、近藤勇の残された書簡には「選」と「撰」双方の文字が入り乱れている。幕末の人たちは漢字の音さえ合っていれば、細かい文字の違いには頓着せず使用したことが多かったようだ。

　いずれにしても、正式な隊名を賜った隊士たちの胸中は晴れ晴れしたことだろう。以来、「壬生浪」とさげすむような口をきいていた京の人々も、彼らに一目置くようになる。以後、袖口を白く山形に抜いた羽織を着た新選組隊士たちが、都大路を巡邏《じゅんら》する姿が京に定着していった。

旧前川邸の雨戸（きゅうまえかわていのあまど）旧前川邸に残されている新選組時代に使われていた雨戸。近藤勇が書きつけた「勤勉、活動、努力、発展」の墨文字が見える。▶138ページ

壬生寺（みぶでら）新選組隊士たちが屯所として暮らした八木邸、旧前川邸のすぐそばにある寺。そのため、朝の稽古や武術の練習、砲術の訓練などは境内を使用することが多かった。▶138ページ

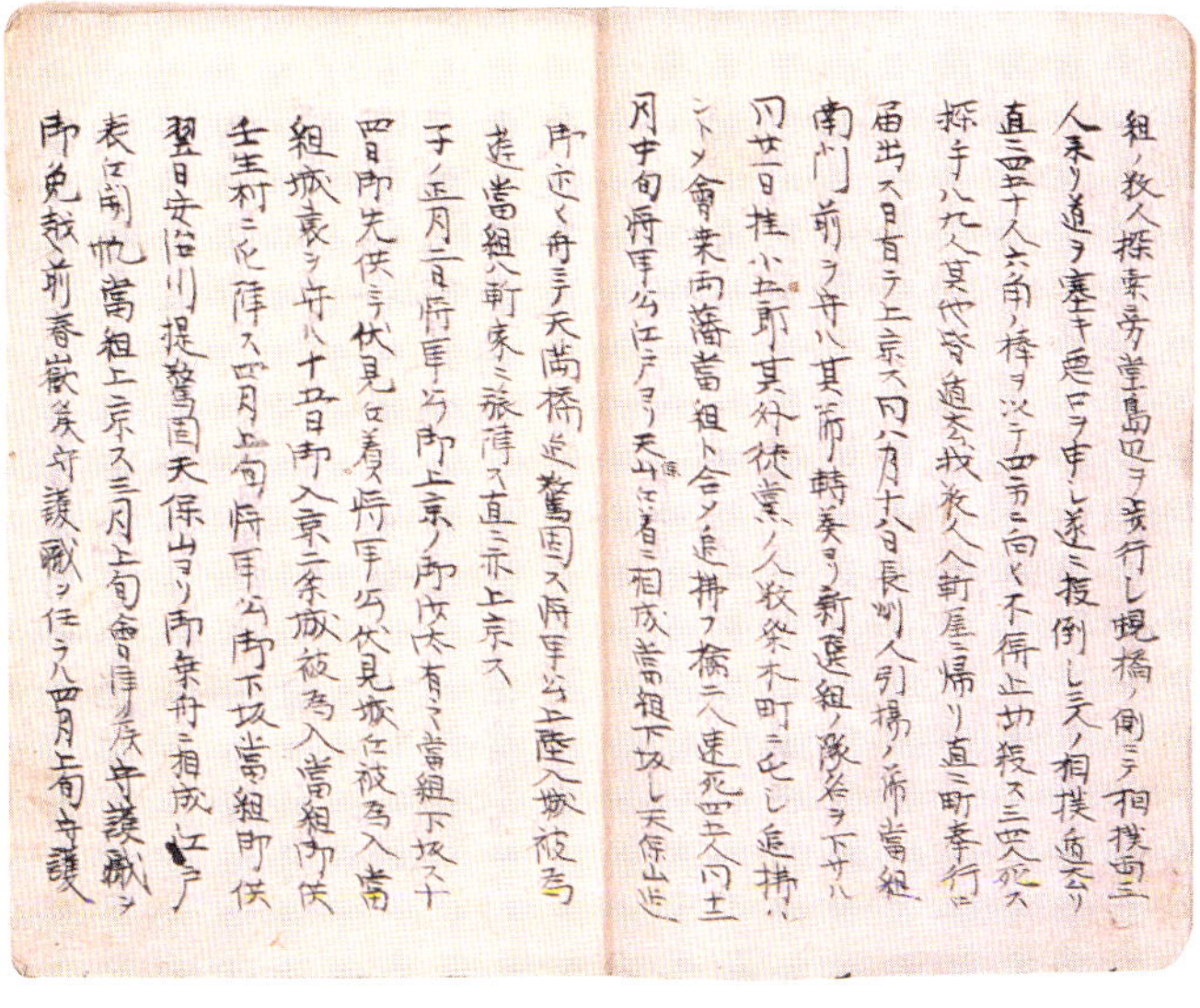

島田魁の日記（しまだかいのにっき）新選組幹部隊士として活動し、京における大事件の大半に立ち合った島田魁の日記。島田は明治維新後も命をながらえた。（霊山歴史館蔵）

八木邸に残る刀傷（やぎていにのこるかたなきず）縁側の鴨居に残る刀傷。芹沢鴨が襲われたときに、襲撃者がつけたとされ、闇夜の暗殺事件をなまなましく伝えている。▶138ページ

八木邸の机（やぎていのつくえ）沖田総司らに襲われ隣室まで逃れた芹沢鴨は、写真の机につまずいたところを斬られ、絶命したと伝えられている。

芹沢鴨《せりざわかも》を暗殺し、近藤勇《こんどういさみ》の独裁体制と成った新選組

文久《ぶんきゅう》三（一八六三）年九月十八日夜半。激しい雨が雨戸をたたくなか、壬生《みぶ》村・八木源之丞《やぎげんのじょう》邸に迫る数人の人影があった。

その日、新選組は島原《しまばら》の角屋《すみや》にて酒宴を催した。芹沢鴨《せりざわかも》は腹心の平間《ひらま》重助《じゅうすけ》、平山五郎《ひらやまごろう》とともに宴席に出席し、したたかに酔ったらしい。

つねづね、芹沢は酒をよく飲み、酒癖の悪さから隊名を汚す行為が目立っていた。新選組の評判をおとしめる芹沢の存在は、近藤勇《こんどういさみ》らに暗殺の決意を固めさせた。

酒宴がはねると平間、平山とともに芹沢は八木邸に戻った。この晩、屯所《とんしょ》にしていた離れ座敷ではなく母屋に上がりこんだのは、女連れだったからだろう。芹沢は愛人のお梅《うめ》を、平間は輪違屋《わちがいや》の糸里《いとさと》を、平山は桔梗屋《ききょうや》の小栄《こえい》をともなっていた。

ほどなく、三人が寝入った頃合を見はからうように、庭先の戸が音もなく開かれた。土方歳三《ひじかたとしぞう》である。後から沖田総司《おきたそうじ》、山南敬助《やまなみけいすけ》、原田左之助《はらださのすけ》がつづく。

屏風で隔てられた座敷に立った暗殺者たちは、闇のなかで目顔でうなずきあった。そして、熟睡していた芹沢と平山に襲いかかる。平山は即死。起き上がった芹沢は脇差《わきざし》を抜いて抵抗したが、隣室まで逃れたところで斬られた。享年三十四歳。乱暴《らんぼう》狼藉《ろうぜき》をはたらいてきた巨魁隊長《きょかいたいちょう》のあっけない死であった。

このとき、芹沢と寄り添っていたお梅も殺されたが、平山の連れていた小栄は、直前に厠《かわや》に立っていたため危うく難を逃れている。また、別室に寝ていた平間はいち早くこの騒動に気づき、遁走《とんそう》。その後の行方は知られていない。

芹沢の死因は「酔って寝ていたところを刺客《しかく》に襲われたため」と公表された。葬儀は事件の翌々日に盛大に執り行われ、近藤は何事もなかったかのように堂々と弔辞を読み、局長としての貫禄を見せつけた。

巨魁隊長の死後、新選組は近藤の独裁体制となった。近藤一派による、水戸派首領・芹沢鴨の粛正《しゅくせい》はこうして成ったのである。

八木邸の長押の槍（やぎていのなげしのやり）　八木源之丞などの郷士には農業を営みながら、若干の武士的特権も認められた。長押の槍が郷士の暮らしをしのばせる。▼138ページ

角屋・扇の間（すみや・おおぎのま）島原の揚屋。新選組とは縁が深く、柱には酒に酔った隊士が斬りつけた刀傷が残されている。（協力／財団法人角屋保存会）▼139ページ

赤壁の祇園・一力亭（あかかべのぎおん・いちりきてい）薩摩、会津、土佐、安芸、肥後の公武合体派諸藩士と同席した近藤勇は、攘夷を断行すべしとの熱弁を振るった。

公武合体《こうぶがったい》の機運高まるなか、嵐を予感させるつかの間の平穏

「八《はち》・一八《いちはち》政変《せいへん》」以来、長州《ちょうしゅう》の尊攘《そんじょう》系過激派志士は京から姿を消し、町は一見平穏を保っていた。この時期、京都守護職《きょうとしゅごしょく》・松平容保《まつだいらかたもり》は孝明帝《こうめいてい》との関係をよりいっそう深め、公武合《こうぶがっ》体《たい》の機運はますます高まりつつあった。新選組にも、ひとまず穏やかな日々がつづく。

文久《ぶんきゅう》三（一八六三）年十月十日。松平容保の呼びかけで、祇園《ぎおん》のお茶屋・一力亭《いちりきてい》に公武合体派諸藩士が集った。近藤勇《こんどういさみ》も新選組局長として宴席に招かれ、「公武合体のうえで幕府の命にしたがい攘夷を断行すべきである」との熱弁を振るっている。おそらく、近藤には芹沢鴨《せりざわかも》亡き後の新選組の向かうべき方向を明示しておきたい気持ちがあったのだろう。

この時期から半年ほどの間、新選組はみるべき活躍をしていない。近藤もひたすら市内巡邏《じゅんら》をくり返す日々に疑問を禁じ得なかったらしく、元治《げんじ》元（一八六四）年には、会《あい》津《づ》藩に新選組の進退伺いを願いでている。攘夷のために上洛した当初の理想とはほど遠く、浪士《ろうし》狩りに明け暮れる日々にあせりを感じていたのだろう。このままなにごとも起きなければ、新選組は解散し、歴史の彼方に忘れ去られていただろう。

しかし、幕末という時代は新選組に桧舞台《ひのきぶたい》を用意していた。近藤が進退伺いを提出する前月、松原《まつばら》通の木《き》屋町《やまち》で起きた火事騒動の折、不審な人物が捕われた。このとき、彼の口から、京を追われたはずの長州系志士二百余名がいまだ京にいるという怪情報が漏れる。

「池田屋騒動《いけだやそうどう》」へのかすかな序幕であった。

祇園・一力亭（ぎおん・いちりきてい）赤穂浪士・大石蔵之助が遊んだ京都の老舗としても知られ、現在もお茶屋として営業している。▶142ページ

古高《ふるたか》俊《しゅん》太郎《たろう》の証言により、長州《ちょうしゅう》系志士たちの過激な計画が証される

元治《げんじ》元（一八六四）年六月五日、京は祇園会《ぎおんえ》の宵々山《よいよいやま》、鉾《ほこ》の引き始めの日だった。夜五ツ（午後九時）頃、祭にくりだした人波を分けるようにして、木屋町《きやまち》筋を三条小橋《さんじょうこばし》方面へ駆け抜ける新選組の姿がみられた。

その前の日、四条小橋《しじょうこばし》で薪炭商を営む桝屋喜右衛門《ますやきえもん》を捕え、拷問にかけた近藤勇《こんどういさみ》らは、彼の口からとんでもない情報を聞きだしていた。

京に潜伏する長州系志士たちが、烈風《れっぷう》の日を選んで、御所へ火を放ち、参内《さんだい》する中川宮《なかがわのみや》や京都守護職《きょうとしゅごしょく》・松平《まつだいら》容保《かたもり》を襲撃するというのである。実は桝屋喜右衛門というのは偽名で、彼の本名は古高俊太郎《ふるたかしゅんたろう》という。近江《おうみ》出身の尊王系志士で、筑前《ちくぜん》藩御用達《ごようたし》商人として武器調達係を務めていた。さらに桝屋から押収された書面には、御所《ごしょ》への放火を七日の祇園祭《ぎおんまつり》当日に実行するとある。襲撃はいつ実行されてもおかしくなかった。

近藤らはさっそく隊士を集め、大捜索を開始。三条小橋西の池田《いけだ》屋と木屋町の四国《しこく》屋が怪しいとにらむ。両所ともかねてから、長州藩をはじめとした反幕勢力の拠点と目されていた場所だ。

五日夕刻、近藤は集合場所の祇園町会所に集まった隊士たちに出動命令を出す。隊はふた手に分けられ、近藤ら十名は池田屋へ、土方ら別働隊二十四名は四国屋へと向かった。

池田屋では会津《あいづ》藩兵と合流することになっていた。しかし、予定時刻を過ぎても、彼らが到着する気配はいっこうにない。ついにしびれを切らした近藤が、沖田総司《おきたそうじ》、永倉新八《ながくらしんぱち》、藤堂平助《とうどうへいすけ》らとともに池田屋に突入する断を下したのは、夜四ツ（午後十時）をまわった頃だった。

「御用《ごよう》改めである」

一声発した近藤が、池田屋に踏みこんだとき、のちに維新回天《いしんかいてん》を一年遅らせたといわれることになる「池《いけ》田屋騒動《だやそうどう》」が幕を開けた。

古高俊太郎邸跡（ふるたかしゅんたろうていあと）拷問にかけられ、御所に火を放つ計画を自白させられた古高俊太郎の邸宅跡。現在、料亭・しる幸が建てられている。（京都市下京区）

旧前川邸・土蔵２階の吊り縄

（きゅうまえかわてい・どぞうにかいのつりなわ）

麻縄に逆さに吊された古高俊太郎は、足の裏に五寸釘を刺され、火のついた百目蝋燭を立てられるという壮絶な拷問を受けた。▶138ページ

古高俊太郎邸跡に建つ石碑（ふるたかしゅんたろうていあとにたつせきひ）「池田屋騒動」当時、古高は桝屋喜右衛門と名乗り、商人を装っていた。のちに獄中で斬首に処された。

祇園会・宵山（ぎおんえ・よいやま）「池田屋騒動」は、八坂神社の祭礼・祇園会の期間に勃発した。この日は本祭の前々日の宵々山の日に当たり、輝く鉾で町は彩られる。

南観音山

勤王《きんのう》志士たちを一掃した池田屋《いけだや》での激戦

近藤《こんどう》勇《いさみ》らが池田屋《いけだや》に突入したとき、二階座敷には当日の座長・宮部《みやべ》鼎蔵《ていぞう》以下二十数名の勤王《きんのう》の志士が車座になって時勢を談じていた。玄関先に出た主人・池田屋惣兵衛《そうべえ》を押しのけ、抜刀《ばっとう》した近藤は階段を一気に駆け上がり、がらりと障子を開け放った。

「手向かい致すにおいては容赦なく斬り捨てる」

会合の場は新選組隊士と勤王派志士たちが入り乱れ、混乱を極めた。池田屋の二階は刀を振りかぶると鴨居や天井につかえてしまうほどに低い。加えてうなぎの寝床のような細長いつくりの狭い座敷は、戦闘には不向きで、不意討ちをしかけた新選組に分があるのは明らかだった。

近藤は二階座敷の入口に仁王の如く立ちはだかり、志士たちの脱出を阻んだ。近藤らと池田屋に踏みこみんだ永倉新八《ながくらしんぱち》の遺談によれば、乱闘の間中、近藤の「えっおう」という甲高い掛け声が、座敷中に響き渡っていたという。隊内一の剣の使い手とうたわれた永倉は、後年、これに「勇気づけられた」と語っている。

激闘は二時間余りつづいた。志士たちの即死、自決は六名、負傷後死亡した者は五名、捕縛《ほばく》者は二十三名に及んだ。大戦果だった。新選組側では沖田総司《おきたそうじ》が持病の結核で吐血のうえ昏倒したほか、永倉は親指をそがれ、藤堂平助《とうどうへいすけ》は眉間を割られた。また隊士一名が即死、重傷を負った二名は後日死亡した。

「池田屋騒動」により反幕勢力は大きな痛手を受けた。特に多くの有能な藩士《はんし》を失った長州《ちょうしゅう》藩の恨みは深く残るものとなる。

池田屋騒動之址（いけだやそうどうのあと）激闘を終えた隊士たちは休むことなく残党狩りをつづけた。池田屋があった場所も今ではすっかり様変わりし碑だけが往時をしのばせる。▼139ページ

高瀬川のせせらぎ（たかせがわのせせらぎ）幕末当時の高瀬川界隈は、多くの商家や藩屋敷が軒をつらねる繁華街であった。「池田屋騒動」の翌朝、噂を聞いた町衆が池田屋周辺に来てみると、新選組隊士たちは高瀬川の流れに足をつけて涼んでいたという。

池田屋騒動《いけだやそうどう》で活躍した 新選組、その名を 天下に知らしめる

「池田屋騒動《いけだやそうどう》」時点で、出動した新選組隊士は三十四名にすぎなかった。当時隊員が五十名ほどいたことを考えると二十名近くが欠勤していたことになる。近藤勇《こんどういさみ》の書簡によると「折悪しく局中病人多にて」と説明されているが、欠勤の者全員が「折悪しく」病気だったとは考えにくく、多くは激しい戦闘を予感し、仮病を使ったのではないかと思われる。

このことから、「池田屋騒動」当時の新選組内部では、鉄の掟である局中法度書《きょくちゅうはっとしょ》がまだ機能していなかったことが推測できる。新選組が白刃《はくじん》を抜いたが最後、必ず敵を倒す武闘集団として組織化されるのは、池田屋の血煙をくぐりぬけた後なのだ。

また、池田屋でのはたらきに対する恩賞として、新選組に六百両が下《か》賜《し》された。この六百両を近藤は実に見事に分配している。まず出動隊士三十四人に一律十両を、別段金として局長である自身に二十両、副長の土方歳三《ひじかたとしぞう》に十三両与えている。そして、沖田総司《おきたそうじ》ら六名には十両ずつ、井上源三郎《いのうえげんざぶろう》ら十一名に七両ずつ、養子である周平《しゅうへい》ら十二人には五両ずつ渡した。出勤しなかった隊士にはビタ一文与えていない。

「池田屋騒動」で新選組の名は天下に鳴りわたった。同時に池田屋での活躍がその後の新選組の運命を決定づけることになる。近藤勇が目指していた尊王攘夷《そんのうじょうい》の魁《さきがけ》としての働き場所は与えられず、市内巡邏《じゅんら》や警備の任務にいっそうの期待を抱かれることになってしまうのだ。

そして、池田屋での流血は、京に新たな激戦を呼ぶことになるのであった。

桂小五郎像（かつらこごろうぞう）長州藩の志士。池田屋での会合に出席する予定だったが、現場に早く着きすぎたため引き返し、難をのがれた。（港区立みなと郷土資料館蔵）

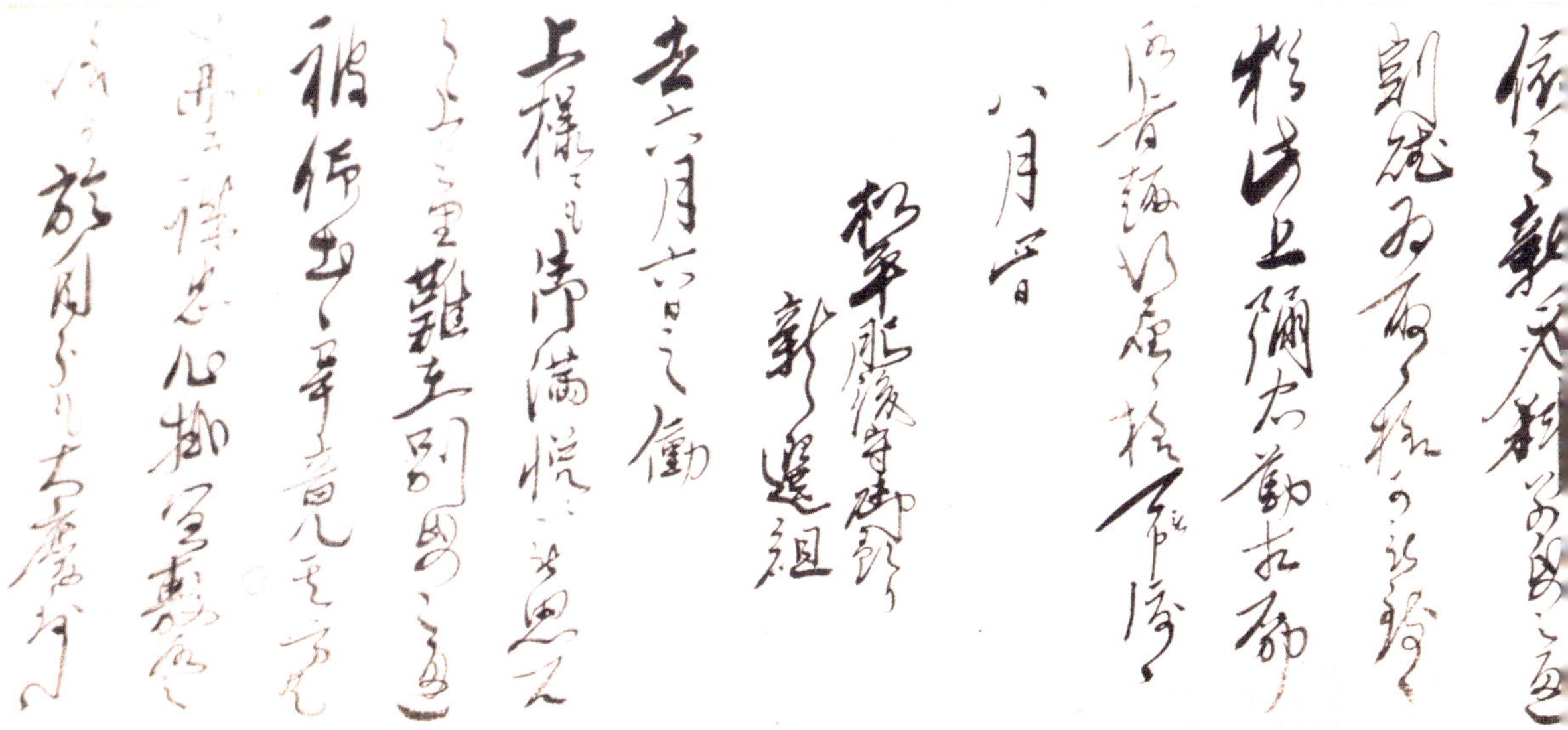

池田屋感状（いけだやかんじょう）新選組の活躍は、幕府だけでなく朝廷にも高く評価された。写真の感状は幕府から新選組にあてられた可能性が高い。（霊山歴史館蔵）

京都霊山護国神社・長州藩墓域（きょうとりょうぜんごこくじんじゃ・ちょうしゅうはんぼいき）「池田屋騒動」では長州の吉田稔麿や肥後の宮部鼎蔵といった多くの人材が失われた。▼143ページ

明保野亭跡（あけぼのていあと）「池田屋騒動」より５日後、東山の料亭・明保野で新選組とともに出動した会津藩士が土佐藩士を負傷させるという事件が起きた。現在は料亭の庭園となっている。▶142ページ

三縁寺本堂（さんえんじほんどう）幕末当時の三縁寺は池田屋の近くにあったため、「池田屋騒動」の殉難者の多くが同寺に葬られた。（京都市北区）

三縁寺墓所（さんえんじぼしょ）「池田屋騒動」後、置き捨てられた志士たちの遺体が運びこまれた。三縁寺は昭和54（1979）年に岩倉花園町の現在地に移築されるまで、三条大橋の東に建っていた。

長州藩《ちょうしゅう》の報復。京の町を焼き尽くした「蛤御門《はまぐりごもん》ノ変《へん》」

「池田屋騒動《いけだやそうどう》」の惨劇を伝える早馬《はやうま》が長州《ちょうしゅう》へ着いたのは、乱より八日後の六月十三日のことだった。内情を知った長州の藩論はたちまち反薩摩《さつま》、反会津《あいづ》の思いで煮えたぎり、京へ上るための軍容《ぐんよう》が即座に整えられた。

長州軍上洛の報を受けて、対する薩会《さつかい》側も迎撃体制をとる。二十四日には新選組にも出動命令が下り、隊士たちは会津藩兵とともに九条河原《くじょうがわら》で長州勢とにらみあった。

戦端が開かれたのは七月十九日。伏見《ふしみ》の長州藩兵がまず動き、次いで嵯峨《さが》に滞陣していた七百の藩兵が、蛤御門《はまぐりごもん》を中心とした御所《ごしょ》西側の門に殺到した。のちにいう「蛤御門《はまぐりごもん》ノ変《へん》」の勃発である。

「池田屋騒動《いけだやそうどう》」の恨みが骨髄に達していた長州勢はすさまじい勢いで攻めたて、長州の打つ砲弾《ほうだん》は御所内へも飛びこんだという。しかし、薩会軍の兵力はその十倍以上。戦力差は

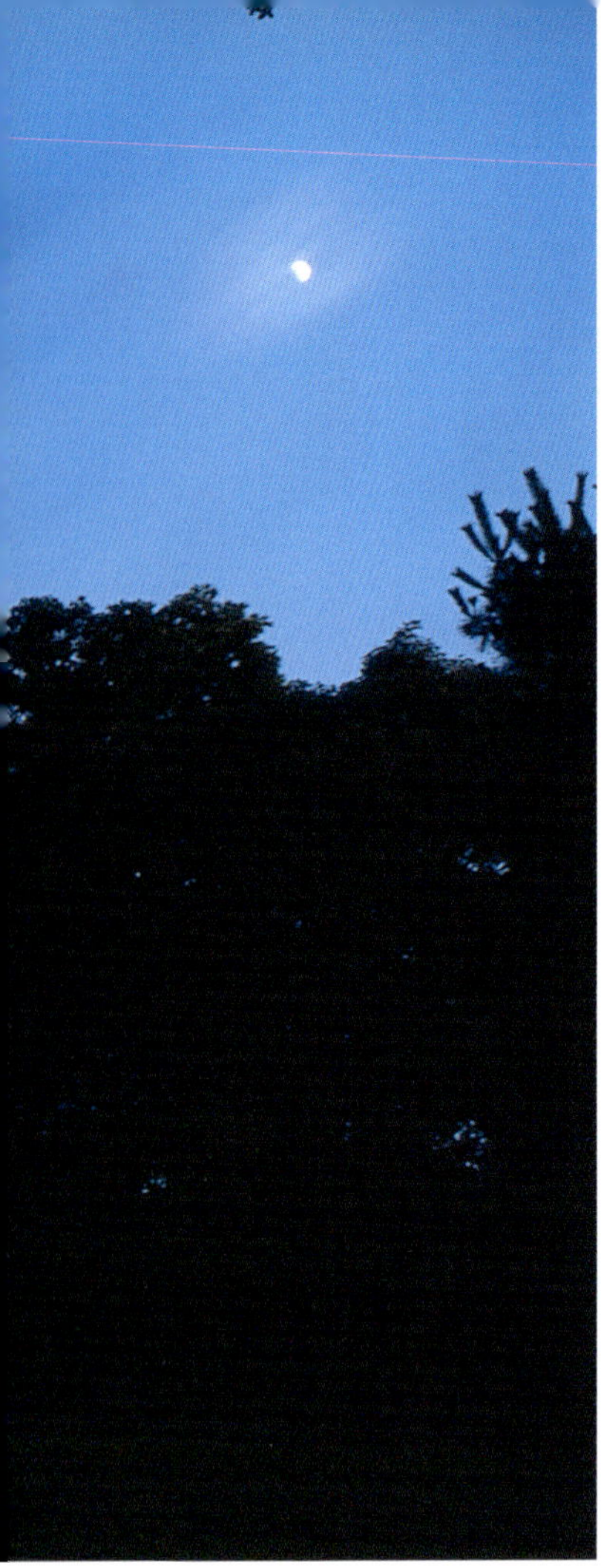

蛤御門（はまぐりごもん）激戦が繰広げられた門。戦闘のときには「三種の神器をいれた唐櫃さえも縁側に並べていた」と記されていることから、朝廷の人々の狼狽ぶりがわかる。▶139ページ

柱に残る傷（はしらにのこるきず）京都御所に銃弾が撃ちこまれたのは「蛤御門ノ変」が史上初めてであった。柱には激戦の様子をしのばせる銃弾の跡が残されている。▶139ページ

いかんともしがたく、長州勢は久坂《くさか》玄瑞《げんずい》をはじめとした多くの犠牲者を出しながら敗走することになる。前年の「八《はち》・一八《いちはち》政変《せいへん》」以来、京での失地回復を目指していた彼らの思いはまたしても遂げられず、再び領国《りょうこく》へ退くはめになってしまったのだ。

戦いの翌日、新選組は会津藩兵とともに敗軍の掃討《そうとう》のために天王山《てんのうざん》に向かった。しかし、包囲された真木《まき》和泉《いずみ》ら長州勢十七名は腹に刀を突き立てて自害。壮絶な最期を遂げたのだった。

この戦乱の最大の犠牲者は、町を焼かれた京の町衆《まちしゅう》ではなかっただろうか。御所に放たれた火はのちに三日に渡って京洛を焼き尽くした。焼失家屋は二万八千戸、寺社・塔頭《たっちゅう》は二百五十カ所が焼け落ち、四条河原には着の身着のままの難民があふれ出たといわれている。

蛤御門ノ変図屏風（はまぐりごもんのへんずびょうぶ）中央には薩摩藩主である島津家の「丸に十字」が門を守り、右側からは長州藩主・毛利家の「一文字三ツ星」が攻めたてる。（個人蔵）

天王山への道（てんのうざんへのみち）
「蛤御門ノ変」に敗れた長州藩兵が自害した道。首謀者のひとりである真木和泉をはじめとした志士たちを追いこんだ一隊には新選組の姿もあった。写真は天王山の山頂付近。

天王山宝積寺（てんのうざんほうしゃくじ）「蛤御門ノ変」の際、真木和泉とその同士たちが本陣とした寺。通称、宝寺。開闢《かいびゃく》は古く、神亀《じんき》元（724）年行基菩薩による。（京都府乙訓郡）

十七烈士の墓（じゅうななれっしのはか）真木和泉以下長州勢17名の烈士が割腹して果てた場所。宝積寺のそばにあり、現在は「烈士墓表」と刻まれた碑が建てられている。（京都府乙訓郡）

天龍寺天井絵（てんりゅうじてんりょうえ）長州軍が陣を敷いたのは、嵯峨にある天龍寺だった。弘源寺の柱には、長州軍のひとりが試し切りをしたといわれる刀傷が残る。天井の龍はどこから見てもこちらを睨むため「八方にらみの龍」の呼び名がある。▶145ページ

翠紅館（すいこうかん）攘夷派志士たちが会合を重ねた場所。文久3（1863）年には長州の久坂玄瑞と土佐の武市半平太らが、同年6月には桂小五郎と真木和泉らが会合を開いている。(京都市東山区)

度重なる敗北で攘夷《じょうい》の無謀さに目覚めた長州に薩摩が接触

「蛤御門ノ変《はまぐりごもんのへん》」で大打撃をこうむった長州《ちょうしゅう》藩の不幸は、それだけにとどまらなかった。

京より敗走した長州《ちょうしゅう》藩兵が、領国《りょうこく》へたどり着いて間もない文久《ぶんきゅう》四（一八六四）年八月五日。下関《しものせき》海峡に十七隻の洋式艦船《ようしきかんせん》が姿を現した。前年に同海峡を通過した折、長州藩から砲撃を受けたイギリス、アメリカ、オランダ、フランスの四カ国艦隊だった。艦隊はときを移さず砲撃《ほうげき》を開始。わずか一日で下関の砲台を粉々に破壊し尽くした。そして翌日には、陸戦隊二千名が上陸して、長州は降伏の白旗をあげることとなる。いわゆる馬関《ばかん》戦争である。

さらに、「蛤御門ノ変」以来、長州藩に朝敵《ちょうてき》の烙印を押していた幕府が、長州征伐の決行を発表。幕府は西国諸藩と幕府親藩《しんぱん》の計三十六藩に出兵準備を命じ、十一月には、征長《せいちょう》総督《そうとく》・徳川慶勝《とくがわよしかつ》率いる十五万の軍兵《ぐんぴょう》が、芸州《げいしゅう》（現在の広島県）国境にまで迫った。これに対し、長州藩は恭《きょう》順《じゅん》の姿勢を見せ、三家老の切腹と四参謀の斬首《ざんしゅ》、さらに藩主父子を謹慎させる処置を発表、降伏して戦乱をさけている。

しかし、単独で長州を討てない幕府の弱体化は明らかだった。これを見抜いた西南の雄・薩摩の島津《しまづ》家は、密かに長州藩との接触を持ち始める。当時、長州では、草履に「薩《さつ》賊会奸《ぞくかいけん》」と書きつけて履き潰すといわれたほどに薩摩、会津への恨みが深かった。しかし、馬関戦争を経た藩内には「無謀な攘夷《じょうい》論には利、あらず」との声が上がりはじめていた。薩摩と長州が手を結ぶのは、もはや時間の問題だった。

この頃新選組は長州征伐参戦をにらみ、隊列を示した「行軍録《こうぐんろく》」まで作成していた。しかし、彼らに出動要請が下されることはなかった。幕府にとって、新選組はあくまで市中警護の一団だったのだ。

六角獄舎跡（ろっかくごくしゃあと）安政の大獄以来、多くの政治犯が収容された六角獄舎は現在、六角通り近辺にある。▼140ページ

薩《さつ》英《えい》戦争と馬《ば》関《かん》戦争

開国を決意させた薩長それぞれの外国との戦い

佐幕派《さばくは》と勤王派《きんのうは》の争いが激しくなる国内で、外国との戦争を余儀なくされた薩摩《さつま》藩と長州《ちょうしゅう》藩。列強国との戦闘を経験した両藩は、やがて攘夷《じょうい》の無謀を悟る。

薩摩藩と長州藩。のちに秘密裏に同盟を結び、倒幕の原動力となる両藩だが、彼らは同末期に外国勢力と戦っている。

文久《ぶんきゅう》三（一八六三）年六月二十七日、イギリス艦隊七隻が鹿児島湾に姿を現し、薩摩とイギリスとの戦争が始まった。いわゆる薩英戦争である。その前の年、薩摩藩は横浜郊外生麦《なまむぎ》村で、行列を乱した騎馬のイギリス人四名を殺傷する生麦事件《なまむぎじけん》を起こしている。イギリス艦隊の来航は生麦事件の謝罪と賠償金の請求が目的だったのだが、薩摩側はあっさり拒否。たちまち激しい砲撃戦が始まった。イギリスの艦隊は激しい砲撃をしかけ、鹿児島の市街地を破壊。薩摩藩兵は勇敢に戦ったが、最新兵器を持つイギリスとの戦力差はいかんともしがたく、城下の大半は焼き払われてしまった。

しかし、この敗戦は薩摩を変えた。それまで攘夷色が濃かった藩論が、「開国すべし」との意見に傾き、さらに、新時代に備えてイギリスから大量に武器を買いつけることになるのだ。イギリス側も薩摩藩の戦力を評価。友好関係を結んだほうが得策だと考え、軍艦購入の斡旋などで、協力的な態度を示すようになる。

一方、蛤御門《はまぐりごもん》で大敗した長州藩が、ほうほうのていで領国へたどり着いた年の翌月、すなわち、文久四（一八六四）年八月五日。イギリス、アメリカ、オランダ、フランスの四カ国艦隊が、下関《しものせき》に姿を現し、馬関（下関）戦争が始まった。これは、その前年、長州藩が攘夷決行として、馬関（下関）海峡を通過した四カ国の艦隊へ砲撃を加えたことへの報復だった。四カ国艦隊はたった一日で砲台を破壊し尽くし、翌六日には早くも陸戦隊二千名を上陸させ、馬関を占領した。

当時、のちに明治政府の内閣総理大臣となった伊藤《いとう》

薩英戦争図（さつえいせんそうず）来航したイギリス艦隊に砲撃され、鹿児島城下は焼き払われた。しかし、戦いののち両者は接近。薩摩はイギリスの援助を受けるようになる。（尚古集成館蔵）

博文《ひろぶみ》と井上馨《いのうえかおる》は、この戦いを止めるため、留学先のイギリスから急遽帰国している。二人はもともとは強い攘夷思想の持ち主だったが、イギリスで西洋の文明・文化に触れ、無謀な戦と悟ったのであろう。

結局、長州藩は全面降伏することになるのだが、この戦争を経て、無謀な攘夷論は国を滅ぼすもとであるという意識が兆してゆく。

国内での争いが激化していくなか、列強諸国との兵力の格差を思い知らされた長州藩と薩摩藩は以後、力を合わせ、開国への道を歩み始めるのである。

イギリスと薩摩の砲弾（いぎりすとさつまのほうだん）薩英戦争で使用されたイギリス製の砲弾（左）と日本の砲弾（右）。イギリスの最新兵器・アームストロング砲は薩摩藩の砲の四倍もの射程距離を誇った。（尚古集成館蔵）

大久保利通肖像（おおくぼとしみちしょうぞう）薩摩藩士。薩英戦争講和の交渉委員となり、薩摩とイギリスを結びつけた。（尚古集成館蔵）

高杉晋作肖像（たかすぎしんさくしょうぞう）長州藩の代表として、四ヵ国艦隊との講和に当る。高杉の堂々たる態度はイギリスなどを圧倒させた。（港区立みなと郷土資料館蔵）

四ヵ国艦隊襲撃の図（よんかこくかんたいしゅうげきのず）四ヵ国艦隊による下関襲撃の様子が描かれた絵図。所持する銃が少なかった長州側は、火縄銃や弓矢まで持ち出して応戦したという。（下関市長府博物館蔵）

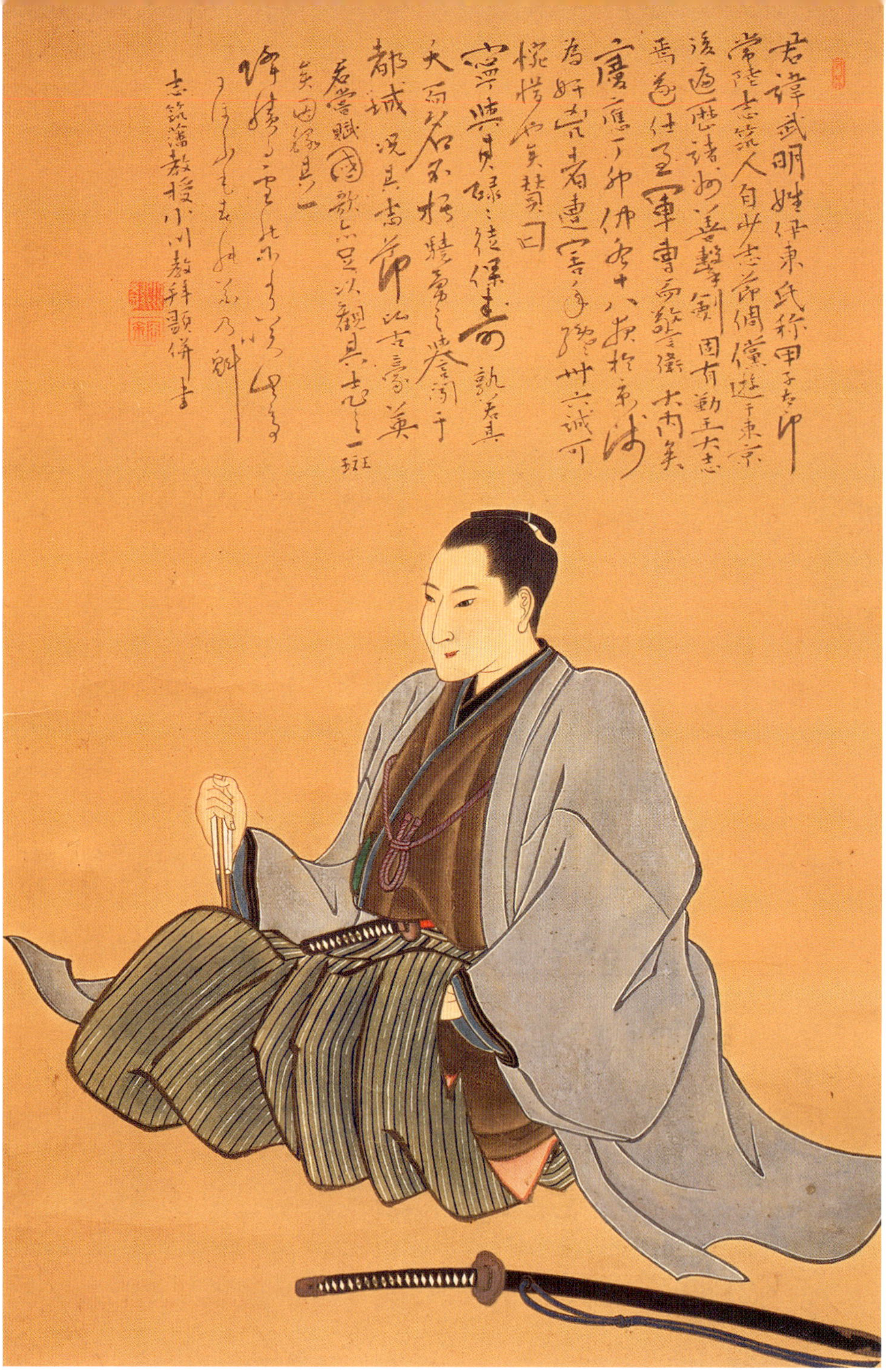

伊東甲子太郎肖像（いとうかしたろうしょうぞう）北辰一刀流を極めた剣豪であると同時に、尊王攘夷思想に篤い文武両道の人。二枚目だったといわれている。（個人蔵）▶132ページ

尊王思想を持つ知識人、伊東《いとう》甲子太郎《かしたろう》が新選組に入隊

「蛤御門《はまぐりごもん》ノ変《へん》」の翌々月、九月初旬のこと、近藤勇《こんどういさみ》は永倉新八《ながくらしんぱち》、武田観《たけだかん》柳斎《りゅうさい》らとともに、江戸にくだっている。新たな隊士を補充するためだ。

苛烈《かれつ》な武闘派集団だった新選組は、戦闘行為での死傷者が多かったのはもちろん、それ以上に隊規違反で処分される隊士が後を絶たなかった。このため、最盛時には二百名を超えた隊士数も、百名を割りこみ、人員補充を迫られていたのだ。新たな隊士を京都ではなく、江戸で募ったのは、「武人は関東に限る」という近藤の思い入れのためである。

ここに、のちの新選組に極めて大きな影響を与える人物が登場する。伊東甲子太郎《いとうかしたろう》。常陸国志筑藩《ひたちのくにしづくはん》（現在の茨城県）の出身で、尊王攘夷《そんのうじょうい》思想の色濃い水戸《みと》学に精通した才気溢れる人物であった。伊東を新選組へ引き入れたのは伊東と同じ北辰一刀《ほくしんいっとう》流《りゅう》の使い手であった藤堂平助《とうどうへいすけ》だ。

近藤と伊東の初対面の様子を直接伝える文書はない。だが、多摩の農村出身の近藤は、知識人階層へ劣等感を感じていたに違いなく、弁舌爽やかに勤王《きんのう》と攘夷を語る伊東に惚れこんだようだ。それは入隊間もない伊東に副長助勤《ふくちょうじょきん》という重責を任せていることからもわかる。

しかし、伊東の入隊は、新選組の存続をあやうくする危険をはらんでもいた。伊東は天皇崇拝の尊王思想、そして近藤は幕府を強く支持する佐幕派である。両者は攘夷という、かぼそい糸でのみ結ばれていたのだ。

近藤が伊東甲子太郎ら新規入隊者二十余名を引き連れて、再上洛の途についたのは、元治《げんじ》元（一八六四）年十月十五日のことである。

門派石（もんぱいし）本光寺の門の脇にある石。華々しく新選組に迎えられた伊東だが、その最期は暗殺という悲劇的なものであった。写真は伊東が最後にもたれた石。（京都市下京区）

脱走をはかった 幹部隊士・山南敬助《やまなみけいすけ》 切腹処分となる

山南敬助《やまなみけいすけ》は、結成当初からの幹部隊士で、近藤勇《こんどういさみ》らとともに浪士組《ろうしぐみ》の募集に参加し、京へのぼった。

だが、京洛で壬生浪士《みぶろうし》から、正式に会津藩御預新選組《あいづはんおんあずかりしんせんぐみ》と呼び名が変わっていくなかで、山南を待ち受けていたのは斬るか斬られるかの血塗られた日々であった。文武の両道に長《た》け、京の人々には「親切者」と喧《けん》伝《でん》された山南にとって、急激に鋭角化してゆく新選組は、その存在自体が耐えられぬものだったのかもしれない。また、副長の土方歳三《ひじかたとしぞう》が、新たな屯所《とんしょ》先として目をつけた西本願《にしほんがん》寺《じ》へ寺の明け渡しを迫っていたが、これを巡り、山南は土方と対立を強めていたという。

文久三（一八六三）年の芹沢鴨《せりざわかも》暗殺事件から元治《げんじ》元（一八六五）年の自身の死に至るまで、山南敬助の名は新選組関連資料のなかから消えている。「池田屋騒動《いけだやそうどう》」にも「行軍録《こうぐんろく》」のなかにも山南の名は見当たらない。この時期の山南は、自分のありかたに思い悩む日々を送っていたのかもしれない。

そして、元治元（一八六五）年二月。山南は突如、隊を脱走する。脱走は即切腹の罪である。追っ手には沖《おき》田総司《たそうじ》が差し向けられた。沖田は大津の宿で山南を発見、京に連れ戻る。

山南が腹を切ったのは二月二十三日。介錯《かいしゃく》も沖田であった。のちに沖田は故郷にあてて記した書簡に

「だんだんご厚情《こうじょう》下されし山南兄、去る二十六日死去つかまつり候あいだ、ついでもってちょっと申し上げ候」

と、書いている。「いつも優しくしてくださった山南兄が、二十六日に亡くなったことも、ついでに申し上げておきます」ということである。「ついでに申し上げた」わりには、日付を誤記しているところは、あるいは沖田の動揺であったのか。

ところで山南の切腹に際しては、その直前、彼の愛人であった島原の天神《てんじん》・明里《あけさと》が屯所を訪れ、出窓越しに最期の別れを交わしたというドラマチックな情景も伝えられている。

山南敬助の墓（やまなみけいすけのはか）山南の出身地は奥州仙台とされているが、出自そのものが謎に包まれている。

光縁寺（こうえんじ）山南敬助の墓がある寺。光縁寺の紋である「丸に右離れ三つ葉立ち葵」は山南の紋と同じだった。過去帳には新選組関係者25名の名前が記されている。▶140ページ

隊士増員のため広大な西本願寺《にしほんがんじ》へ屯所《とんしょ》を移す

山南敬助《やまなみけいすけ》が切腹をしてからほどない元治《げんじ》元（一八六五）年三月初旬、新選組は屯所《とんしょ》を西本願寺《にしほんがんじ》に移転した。

土方歳三《ひじかたとしぞう》が、郷里の義兄・佐藤彦五郎《さとうひこごろう》に宛てた三月一日付けの書簡に「来る十日頃には、西本願寺講堂と申す所へ宿替わりにあいなり候」という文言があることから、西本願寺へ屯所を移したのは三月十日前後であったと思われる。

上洛以来二年を経て、新選組の勢いは増す一方であった。さらにこの時期、きたる長州《ちょうしゅう》征伐に参戦するため、新選組はより多くの隊士を確保する必要に迫られていた。しかし、壬生《みぶ》の屯所にはこれ以上人を収容する余裕はない。そこで、広大かつ京の中心部に位置する西本願寺境内への移転が、土方の提案で進められていた。

寺側はこの突然の闖入者《ちんにゅうしゃ》たちに困惑した。土佐高岡郡の真覚寺《しんかくじ》住職・井上静照《いのうえじょうしょう》がしたためた日記には「西六条《にしろくじょう》（西本願寺）へは壬生浪士《みぶろうし》数百人屯し、ご門主《もんしゅ》、殊のほかご心痛のご様子に聞こゆ」とある。「西本願寺へ新選組が数百名住みつき、御門主様がとても心を痛めていらっしゃると聞いています」と、遠い土佐にまでその悩みが伝わっていたのだ。

だが、寺側は結局折れるほかなかった。『新選組始末記《しまつき》』には「暴言を吐き威力を示し」とある。気の毒にも新選組の恐喝に屈服するよりなかったのだろう。

新選組が借り受けたのは、本堂北側にあった北集会所などである。

この北集会所は維新《いしん》後に解体、移築され、現在は姫路《ひめじ》市亀山《かめやま》の本徳寺《ほんとくじ》の本堂となっている。

屯所となった太鼓楼（とんしょとなったたいころう）慶応元（1865）年の3月から約2年間、新選組は西本願寺の北集会所と太鼓楼を屯所とした。（京都市下京区）

維新への掛け橋（いしんへのかけはし）長州藩代表の桂小五郎と薩摩藩代表の西郷隆盛が結んだ薩長秘密同盟の締結は、徳川幕府が支配する武士の時代から近代明治への大きな掛け橋となった。写真は京都御苑。（京都市上京区）

水面下で力を増した倒幕《とうばく》派《は》の勢力に敗れた幕府軍

時勢はめまぐるしく変転していた。慶応《けいおう》二（一八六六）年一月二十一日。薩摩《さつま》と長州《ちょうしゅう》の秘密同盟がついに締結された。この同盟は徳川幕府の運命を決定づける歴史的なもので、新選組の運命にも静かな影を落とすことになる。

そもそも薩摩藩と長州藩は「八《はち》・一八《いちはち》政変《せいへん》」、「蛤《はまぐり》御門《ごもん》ノ変《へん》」というふたつの事件を通しての敵同士。犬猿の仲である両藩にとって、手を結ぶことなど、双方大藩としてのプライドが許さず、難しいことは誰の目に見ても明らかだった。

そこに登場したのが土佐《とさ》脱藩《だっぱん》浪《ろう》士《し》・坂本龍馬《さかもとりょうま》である。龍馬は同郷の中岡慎太郎《なかおかしんたろう》とともに、両藩仲介の労をとった。避けられぬ対幕戦争を控えていながら、武器不足に悩む長州のために、薩摩名義で武器を購入。その反対に、薩摩側には長州の米を買わせた。双方の顔を立てたかたちで成立した同盟だった。

慶応二（一八六六）年六月七日、

坂本龍馬（さかもとりょうま）土佐藩の脱藩郷士。同郷の中岡慎太郎とともに日本の未来のために奔走した。その信念のために、しばしば命を落としかけることもあった。（石黒コレクション蔵）

西郷隆盛（さいごうたかもり）薩摩藩出身。下級武士の出身でありながら、藩主・島津《しまづ》斉彬《なりあきら》らに目をかけられ出世していく。薩長同盟当時は、薩摩藩の首脳者のひとりに数えられていた。維新後は独自の政治手腕を発揮して政府の首脳のひとりとなる。（西郷南洲記念館蔵）

薩摩藩邸跡（さつまはんていあと）薩長同盟の会合は下関で行われるはずだったが、西郷は来なかった。そんなすれちがいも乗り越え、同盟は薩摩藩邸で結ばれた。（京都市上京区）

幕府は諸藩に対し、第二次長州征伐の命令を発動する。しかし、新選組には出動の命令はおりず、京に留まるよりなかった。対長州戦をにらみ、進軍するときの隊列を記した「行軍《こうぐん》録《ろく》」まで作成していた新選組は、またもや蚊屋の外に置かれてしまったのだ。近藤《こんどう》らは歯噛みする思いで戦況をみつめていたことだろう。

同月十一日には、幕府艦隊が芸州《げいしゅう》（現在の広島県）の周防大島《すおうおおしま》を砲撃し、第二次長州征伐の火蓋が切って落とされた。このとき薩摩藩は、長州藩との秘密同盟を守る形で出兵を拒否している。

戦意のあがらない幕府軍に対し、逆に意気軒高な長州軍は各所で勝利を重ねた。戦争のさなか、十四代将軍・徳川家茂《いえもち》が大坂城で急死したことも幕府側には痛手となる。そして八月には幕軍は芸州から兵を引かざるを得ず、長州征伐は失敗に終わる。

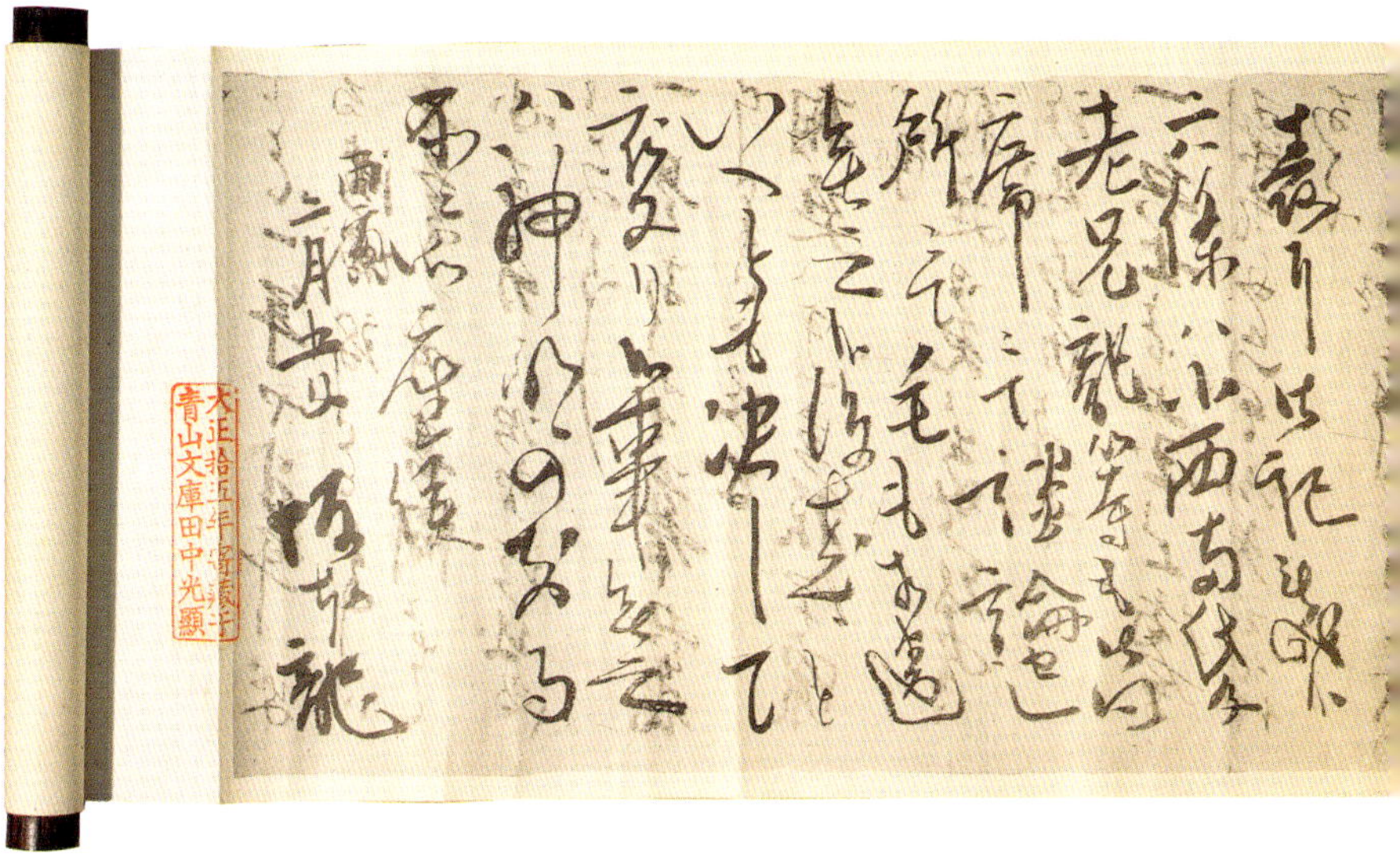

龍馬の裏書き（りょうまのうらがき）薩長同盟は口頭で成立した。まず、桂小五郎が同盟成立の条文を書いた書簡を龍馬に送り、これを受けた龍馬が確認の裏書きをした。写真は複製。（佐川町立青山文庫蔵）

徳川家茂肖像（とくがわいえもちしょうぞう）第14代将軍。朝廷との融和をはかるために孝明帝の妹・和宮と結婚するなど、公武合体に心血を注いだ。（財団法人　徳川記念財団蔵）

三条《さんじょう》河原《がわら》の制札《せいさつ》事件で露呈した徳川幕府の弱体化

幕府による第二次長州《ちょうしゅう》征伐が失敗に終わり、幕府軍が芸州（現在の広島県）から兵を引いたのは慶応《けいおう》二（一八六六）年八月のことだった。その後間もなく、幕府の権威が失墜したことを示す事件が発生した。

京は鴨川《かもがわ》に架かる三条大橋《さんじょうおおはし》の西詰めには、幕府の高札を掲げる制札場《せいさつば》があり、元治《げんじ》元（一八六四）年の「蛤御門《はまぐりごもん》ノ変《へん》」以来、長州勢力の行為を断罪する幕府の高札が立てられていた。京洛の人々に長州藩へ対する幕府の断固たる態度をみせつけるためだ。しかし、八月末、この高札が何者かに抜き取られ、さらに翌月、再建された制札に墨が塗られて、鴨川へ遺棄されるという事件が起きた。

先斗町（ぽんとちょう）制札事件の犯人を見つけるために布陣させたのは、先斗町にある町会所であった。事件が起きたのは2日後のことであった。総指揮をとったのは原田左之助だと『新選組始末記』は伝えている。（京都市中央区）

新選組にはすぐさま、制札警護の要請が下った。西村兼文《にしむらかねふみ》著『新選組始末記《しまつき》』によれば、このとき隊士たちは三条大橋の東西にふた手に分かれて、犯行現場に待機したという。

九月十二日は月の明るい晩だった。子の刻（午前十二時）に近い頃、橋の下で菰《こも》をかぶり、乞食姿に変装していた偵察役の浅野薫《あさのかおる》と橋本皆助《はしもとかいすけ》は、鴨川沿いを北上してくる数人の武家姿を目にした。土佐《とさ》藩士・宮川《みやがわ》

鴨川納涼床（かもがわのうりょうゆか）新選組の隊士たちも、この涼しさを楽しんだと思われる。始まりは安土桃山時代、富裕な商人たちのもてなしから始まったとされる。

助《すけ》五郎《ごろう》、藤崎《ふじさき》吉《きち》五郎《ごろう》らの一行だった。浅野は川原に待機していた隊士の元へ通報に走る。そして宮川らが制札場の柵に足をかけたそのとき、新選組隊士たちが襲いかかった。

この乱闘をつぶさに目撃したひとりの少年がいる。土佐藩御用達の書店菊屋《きくや》の息子・峰吉《みねきち》である。峰吉はのちの近江屋における坂本《さかもと》龍《りょう》馬《ま》暗殺事件にも間接的にかかわった人物だ。乱闘ののち、斬り殺された藤崎吉五郎の遺骸を峰吉は土佐藩士とともに運び出したという。

事件の知らせを受けた土佐藩では、九月十九日に祇園《ぎおん》の料亭に近藤《こんどう》勇《いさみ》、土方《ひじかた》歳《とし》三《ぞう》の両名を招き、詫びを入れている。

この一件で、徳川幕府の弱体化は内外に露呈された。しかし、新選組は時勢に逆らうかのように、いっそう佐幕《さばく》に命を燃やすのだった。

幕末の荒波を乗り越え、桂《かつら》の妻となる

木《き》戸《ど》松《まつ》子《こ》

志士と女たちの悲劇が多く語られるなか、彼女は幸せな結末を迎えた。（料亭幾松蔵）

幾松《いくまつ》（のちの木戸松子）は、桂小五郎《かつらこごろう》（のちの木戸《きど》孝允《たかよし》）の苦労時代を支えた女性である。幾松は若狭《わかさ》小浜《おばま》藩士・木崎《きざき》市兵衛《いちべえ》の娘として生まれたが、幼いときに一家が離散。十四歳で京都・三本木《さんぼんぎ》の芸者となった。

歌舞音曲が巧みで、きりりとした美人。さらに機転がきき、侠気《きょうき》も合わせもった幾松は、勤王《きんのう》志士たちの間でもすこぶる評判の女性だった。思いを寄せる志士も多かったが、彼女は国事に命をかける桂を選ぶ。やがて二人はいっしょに住むようになるが、幾松は芸者という身分を生かした情報収集を行い、桂を支えた。地下に潜伏していた桂のもとへ握り飯を届けたという話もある。

そんな彼女を窮地に陥れる事件が起きた。かねてから多くの情報をつかんでいるはずと、幾松に目を光らせていた新選組が、彼女の身柄を拘束。壬生《みぶ》の屯所《とんしょ》へ引っ張ったのだ。女といえども容赦をしない隊士たちは、幾松を肌着一枚にして折檻。白刃《はくじん》を喉元に突きつけるのだが、彼女は最後まで口を割らなかった。その健気さに感服した近藤勇は、幾松を釈放したという。

維新後、幾松は晴れて桂の妻・木戸松子となった。命がけの恋が花開いたのである。

幾松は三本木や祇園で名の知れた芸妓だった。桂に落籍されたとき、ほかの旦那がいたといわれる。

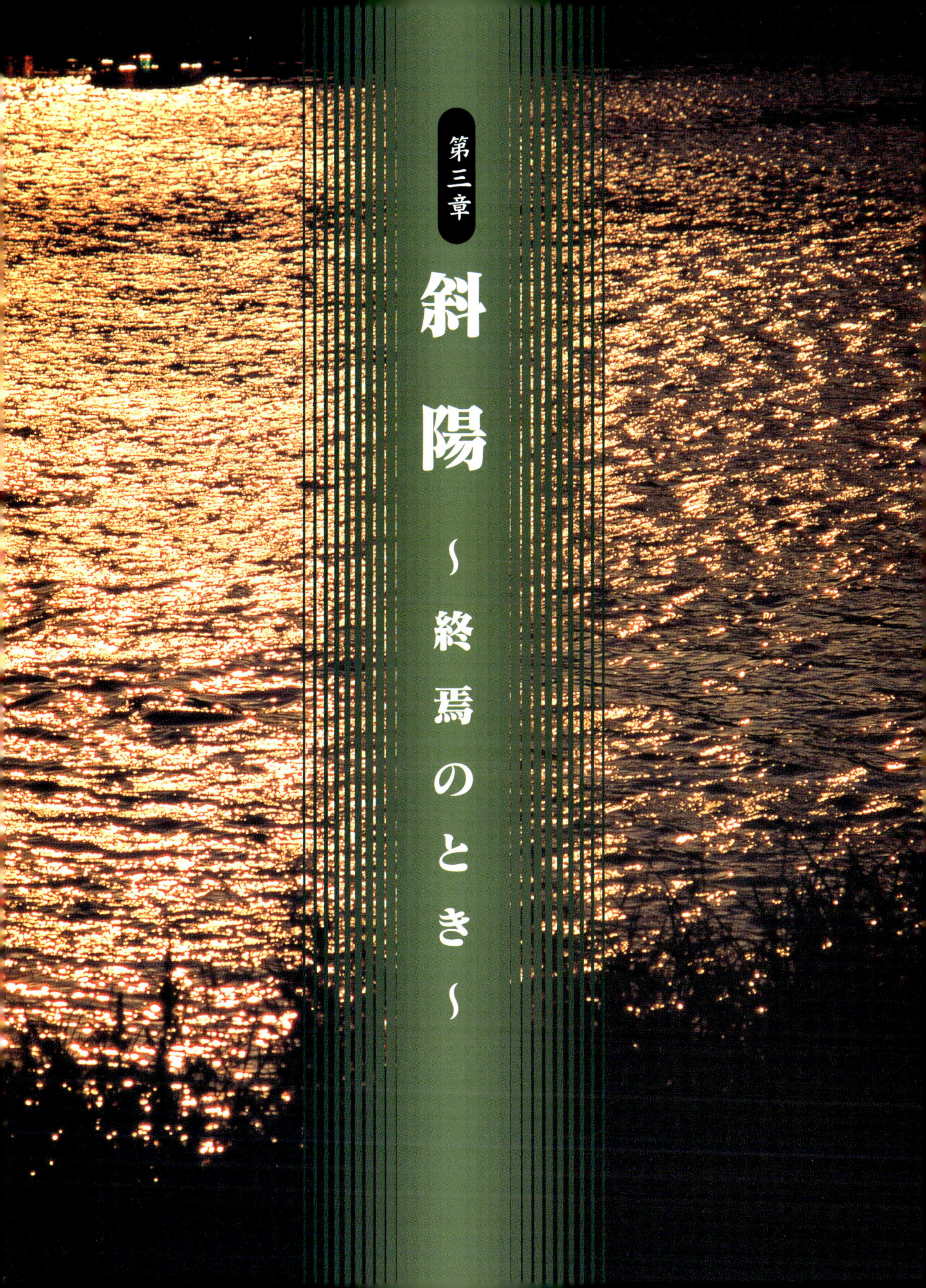

第三章

斜陽

～終焉のとき～

時代祭（じだいまつり）孝明天皇の喪を模した時代行列の一群。京が都であった時代の風俗の変遷を表現するこの行列は、平安遷都１１００年を記念して始まった。

孝明《こうめい》帝の崩御と家茂《いえもち》の死で公武合体派《こうぶがったいは》の勢力が弱体化する

慶応《けいおう》二（一八六六）年十二月二十五日、第百二十一代天皇・孝明《こうめい》帝が突然崩御した。享年三十六歳の若すぎる死であった。帝は同じ月の十一日に発熱し、二十三日にはいったん快方に向かっていたが、翌々日になって病状が急変。病名は「痘瘡《とうそう》＝天然痘」とされた。

孝明《こうめい》帝は極端な異人嫌いなため、攘夷《じょうい》思想であった。しかし、徳川幕府には好感をもち、京都守護職《きょうとしゅごしょく》・松《まつ》平容保《だいらかたもり》とも信頼関係を築いていた。公武合体《こうぶがったい》運動には理解を示していたので、公武合体派にとってはなくてはならない存在だったが、逆に倒幕《とうばく》派《は》勢力には目の上のたんこぶ的な存在であったのだ。

孝明帝の死は、倒幕派にとってあまりにもタイミングがよすぎた。そのため、倒幕派公卿・岩倉具視《いわくらともみ》らの陰謀による毒殺説がまことしやかに囁かれた。この噂は維新後も根強く流れたが、真実は闇のなかだ。

公武合体派への打撃はこれだけではなかった。帝の崩御に先立つ慶応二（一八六六）年七月、大坂城内で十四代将軍・徳川家茂《いえもち》が急死。家茂の正室《せいしつ》は公武の絆として嫁した孝明帝の妹・和宮《かずのみや》である。つまり佐幕派は、この年だけで公武合体推進派の重鎮《じゅうちん》二人を失ってしまったのだ。

この難局時に第十五代征夷大将軍に就任していたのは、徳川家御三卿《ごさんきょう》のひとりである一橋慶喜《ひとつばしよしのぶ》だった。慶喜の聡明さは早くから知られ、将軍職にふさわしい逸材と見こまれていた人物だったが、あえて将軍就任を避けていたふしがある。この冷徹すぎる頭脳の持ち主には満身創痍《まんしんそうい》の幕府の行く末がはっきりと見えていたのかもしれない。慶喜が将軍の座に座っていた期間は、こののち十カ月ほどでしかなかった。幕末の勢力は佐幕派《さばくは》が急速に力を失い、逆に倒幕派が勢いを増しつつあった。

家茂の死去と慶喜の将軍就任、そして孝明帝の崩御という一連の大きなうねりは、新選組にも大きな影響を与えることになる。

機を見るに敏な伊東甲子太郎《いとうかしたろう》は、時代の趨勢《すうせい》が倒幕派に傾いていることを読んでいた。そもそも伊東は、尊王思想の持ち主ではあったが、近藤らのような佐幕一辺倒の人間ではない。滅びゆく幕府に殉じるのは得策ではないと判断したのかもしれない。彼は新選組からの離脱を画策し始める。しかし、鉄の掟を誇る新選組から脱退することは難しい。そこで伊東が考えたのは、崩御された孝明帝の御陵《ごりょう》を守る「御陵衛士《えじ》」になることだった。

雪の上賀茂神社（ゆきのかみがもじんじゃ）強固な攘夷思想を持つ孝明帝は、上賀茂神社と泉涌寺に攘夷祈願のための行幸をしている。上賀茂神社は正式名を賀《か》茂別《ものわけ》雷《いかづち》神社《じんじゃ》といい、下鴨神社とならんで京都でもっとも古い神社のひとつである。（京都市北区）

伊東甲子太郎《いとうかしたろう》ら天皇陵を守る御陵衛士《ごりょうえじ》となり、新選組を脱退する

伊東甲子太郎《いとうかしたろう》は、鉄の規律を誇る新選組のなかにあって、諸藩の有志との会合をかさね各地へ赴くなど、傍目《はため》にも奇異に映るほど自由な行動をとっていた。入隊当初から近藤勇《こんどういさみ》にその能力を高く評価され、新参でありながら別格扱いを受けていた。

慶応《けいおう》三（一八六七）年正月元旦のこと。伊東は永倉新八《ながくらしんぱち》らとともに島《しま》原《ばら》の角屋《すみや》に向かった。そして、彼らは組からの帰隊命令を無視して四日までいつづける。これに激怒した近藤は、帰営した永倉を切腹させようと詰め寄った。しかし、土方歳三《ひじかたとしぞう》に止められ、結局、伊東らの行動は謹慎処分にとどまった。

この一件は、伊東に対して思いきった処置が取れない近藤の立場を象徴している。

以来、伊東は新選組から分離しようとする動きを急加速させていく。一月十八日には、伊東は九州へ下向

月真院（げっしんいん）新選組から分離した伊東甲子太郎ら御陵衛士が屯所を置いた高台寺の塔頭。「御陵衛士屯所跡」の石碑が建っている。庫裏の2階が隠し部屋となっており、衛士たちはここで暮らしたという。▼143ページ

泉涌寺（せんにゅうじ）御陵衛士・伊東甲子太郎たちが守った孝明天皇の陵墓は、泉涌寺の東側に作られた。陵墓名は「後月輪東山陵《のちのつきのわのひがしやまりょう》」。泉湧寺は鎌倉時代以来、天皇家代々の菩提寺として尊敬を集める。▼143ページ

し、倒幕を視野に入れた親長州《ちょうしゅう》系志士たちと精力的に会談した。その行動は、あくまで佐幕派《さばくは》をもって任じていた近藤らとは相いれないものであり、決裂はもはや誰の目にも明らかであった。

伊東が新選組からの分離を正式に表明したのは、帰京の翌日、慶応三（一八六七）年三月十二日のことである。分離派は新たな肩書きとして、前年に没していた孝明帝《こうめい》の陵墓《りょうは》を守る「御陵衛士《ごりょうえし》」を名乗った。

このとき、伊東とともに脱隊した隊士のなかに藤堂平助《とうどうへいすけ》もいた。藤堂は壬生浪士組《みぶろうしぐみ》立ち上げ以来の古参隊士であり、伊東を新選組に引きこんだ人物でもあった。おそらく藤堂は悩んだであろう。しかし、結局伊東とともに隊を離れる決意を固めた。

伊東ら分離派は、六月末から高台寺《こうだいじ》月真院《げっしんいん》を屯所《とんしょ》としたため、高台寺党《こうだいじとう》と呼ばれた。

幕臣となった新選組、不動堂村《ふどうどう》に豪華絢爛な屯所《とんしょ》を建設

近藤勇《こんどういさみ》、土方歳三《ひじかたとしぞう》ら多摩《たま》のさむらい百姓がついに幕臣《ばくしん》になる日が訪れた。ときに慶応《けいおう》三（一八六七）年六月十日。新選組の幹部隊士は京都見《きょうとみ》廻組《まわりぐみ》と同格として取り立てられ、正式に幕府直参《ばくふじきさん》となったのである。

局長《きょくちょう》の近藤には与頭《くみがしら》格が与えられ、禄高《ろくだか》は六百石に。さらに御目見《おめみ》得《え》という将軍へ直接謁見が許される立場となった。多摩の豪農・宮川久《みやがわきゅう》次郎《じろう》の三男だった近藤は、ついに六百石取りの旗本《はたもと》にまで登りつめた。幕末乱世ゆえの大出世といえよう。

また、この日から五日後、新選組は西本願寺《にしほんがんじ》から不動堂村《ふどうどうむら》へと屯所《とんしょ》を移転している。新たな屯所は七百坪ほどもあり、幹部隊士のための大座敷や長屋をはじめ、使者の間、馬屋、獄舎《ごくしゃ》、浴室まである豪壮な造りだった。建設費や諸経費はすべて西本願寺が負担。新選組が西本願寺を屯所として以来、境内で切腹や拷問が行われていたことに嫌気がさしていた寺側は、莫大な費用を払ってでも出て行ってほしかったのだろう。

幕臣召し抱え、そして新屯所への移転。「壬生浪《みぶろ》」と呼ばれていた頃から苦労を重ねてきた近藤らにとって、これらの栄誉は歓喜に満ちたものだったに違いない。

だが、この一件は将軍・徳川慶喜《とくがわよしのぶ》が、朝廷に大政を奉還するわずか四カ月ほど前のこと。新選組が栄光の頂点に立ったとき、滅亡への序曲は始まっていたのである。

不動堂明王院（ふどうどうみょうおういん）新選組は西本願寺から不動堂村に屯所を移した。その村の名前の由来になったのが、不動堂明王院である。しかし、新屯所にいたのは約半年にすぎなかった。▶141ページ

新選組隊士名簿（しんせんぐみたいしめいぼ）新選組隊士・島田魁が、鳥羽伏見戦から会津での戦いまでの隊士たちの人数を記した名簿。幕臣となった彼らのその後を知る貴重な資料である。（霊山歴史館蔵）

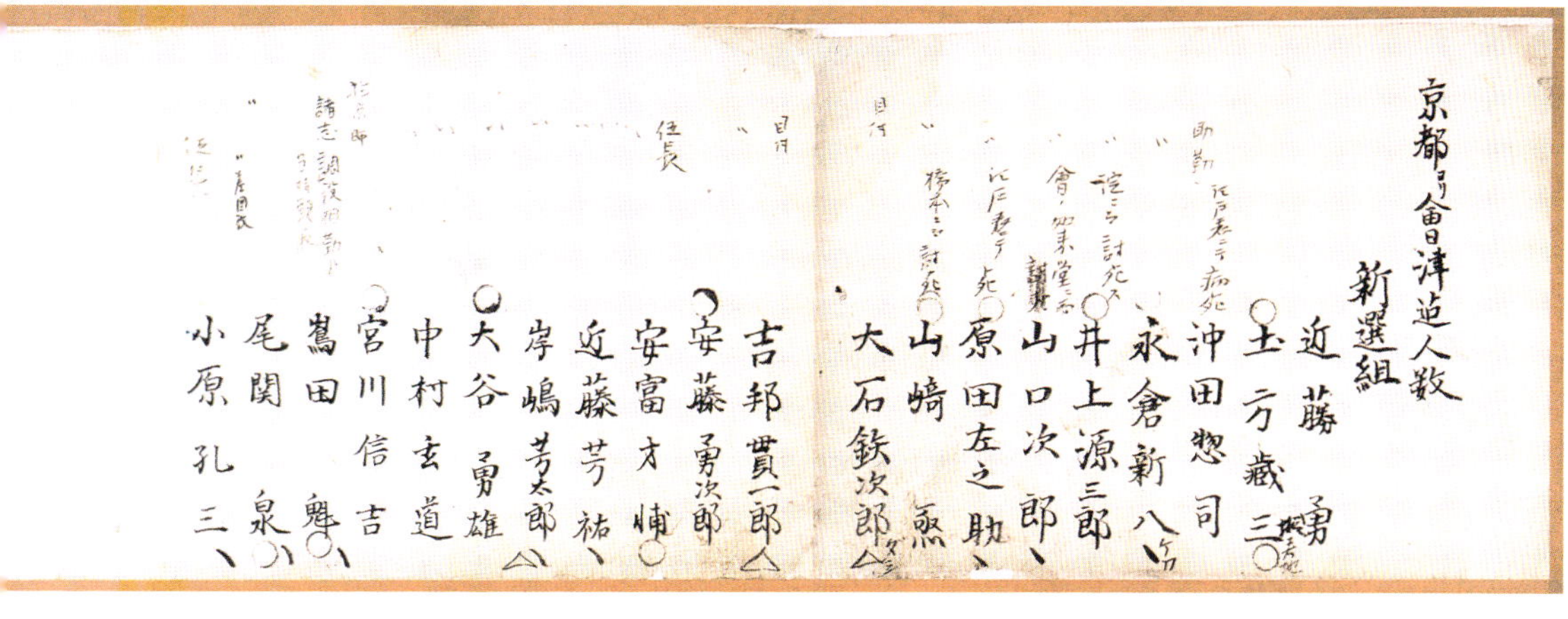

京都ヨリ會津迄人数

新選組

近藤勇

土方歳三

沖田総司

永倉新八

井上源三郎

山口次郎

原田左之助

山崎烝

大石鍬次郎

吉邨貫一郎

安藤勇次郎

安富才輔

近藤芳祐

岸嶋芳太郎

大谷勇雄

中村玄道

宮川信吉

蔦田魁

尾関泉

小原孔三

二百六十年あまりつづいた江戸時代に、幕をおろした大政奉還《たいせいほうかん》の発表

新選組が京に上って四年目、京都だけでなく国中を揺るがすひとつの出来事が起こった。大政奉還《たいせいほうかん》。徳川幕府の終結である。

慶応《けいおう》三（一八六七）年一月九日。崩御した孝明《こうめい》帝に代わって十六歳の明治《めいじ》天皇が即位した。朝廷内の空気はすでに、公武合体《こうぶがったい》から討幕《とうばく》へと路線変更がなされており、孝明帝時代とは一変していた。

薩摩《さつま》藩や長州《ちょうしゅう》藩は、幕府を武力で討伐するための準備を着々と進めていた。対して幕府の落日は誰の目にも明らかであった。

ここに再び登場するのが土佐脱藩《とさだっぱん》の浪士《ろうし》・坂本龍馬《さかもとりょうま》である。龍馬は同年六月九日、土佐藩の重臣・後藤象二《ごとうしょうじ》郎《ろう》とともに藩船・夕顔で京に向かう船上にあった。この船中で後藤は龍馬が説いた大政奉還案を採用することに決める。後藤は同案を京都政界で薩長に遅れをとっていた土佐藩が、主導権を握れる妙案としてとらえたのだ。また、幕府側にとっても大政奉還案は、徳川家滅亡という最悪の事態を避ける妙案と思われた。

十月三日。後藤は土佐藩主・山内《やまのうち》容堂《ようどう》の名で、大政奉還建白書《けんぱくしょ》を老中・板倉勝静《いたくらかつきよ》に宛てて提出する。その八日後の十三日、徳川慶喜《とくがわよしのぶ》は二条城の大広間に在京四十藩の重臣を集め、大政奉還案について問いたずねた。そして翌十四日、慶喜は正式に政権を朝廷に返上し、翌日には勅許《ちょっきょ》がおろされた。二百六十数年におよぶ徳川家の治世の幕切れであった。

ところで、後藤象二郎と新選組の近藤勇《こんどういさみ》は、幕府大目付・永井尚志《ながいなおむね》の邸で顔を合わせている。両者は置かれた立場も違えば思想も異にしていた。後藤が当時奔走していた大政奉還案に佐幕派《さばくは》の近藤が賛成であったはずもない。それにも関わらず、二人は不思議と馬が合い、その後も書簡を交している。あるとき近藤は後藤に「自由に行動できる貴君の境遇がうらやましい」ともらしたという。複雑な政治事情に翻弄され、身動きをとることができない新選組局長の苦衷《くちゅう》を表した言葉であろうか。

後藤象二郎（ごとうしょうじろう）土佐藩出身。藩主・山内容堂に信頼をよせられ重臣となる。（港区立みなと郷土資料館蔵）

徳川慶喜（とくがわよしのぶ）徳川幕府最後の将軍。就任の翌年には大政奉還を行って武家支配の歴史に幕を降ろした。維新後は静岡に移り住み、書画や写真といった趣味に没頭する暮らしを送ったといわれる。（国立国会図書館蔵）

明治天皇即位（めいじてんのうそくい）孝明天皇の第2皇子として誕生。数え年16歳の若さであったが、幕末から明治に至るまでの難局を解決し、日本の近代化を進めた。慶応4（1868）年東京に遷都を行う。（明治神宮聖徳記念絵画館蔵）

二条城（にじょうじょう）大政奉還が行われたこの城は、奇しくも初代将軍・徳川家康《とくがわいえやす》が将軍宣下の拝賀の儀式を行った場所でもあった。▶140ページ

大政奉還（たいせいほうかん）第15代将軍・徳川慶喜は、政権を朝廷に返還し徳川家の治世に幕を引いた。これは源頼朝が幕府を開いて以来の武家政治の終焉でもあった。（明治神宮聖徳記念絵画館蔵）

坂本龍馬《さかもとりょうま》の未来構想

血を流さずに新しい日本を作ろうとした平和主義者

「薩長同盟《さっちょうどうめい》」「大政奉還《たいせいほうかん》」などをすすめ、幕末の日本を大きく変えた男・坂本龍馬《さかもとりょうま》。土佐《とさ》の一藩士は移り変わる日本にどんな未来を描いたのだろう。

坂本龍馬《さかもとりょうま》は幕末においてもっとも重要な働きをした志士のひとりである。郷士《ごうし》であった彼は、土佐藩を脱藩したのち、幕臣・勝海舟《かつかいしゅう》や福井藩主・松平春嶽《まつだいらしゅんがく》など、当時の知識人と活発に交わり、日本の未来構想を練り始めていた。

特に、長年反目しあっていた薩摩《さつま》と長州《ちょうしゅう》の手を握らせた「薩長同盟」の締結は、幕末の偉大な功績といえる。これにより、倒幕《とうばく》派の力は一挙に増し、逆に徳川幕府の命運は尽きることになる。

しかし、龍馬は薩長と違い、武力を持って幕府を倒そうと考えていたわけではなかった。彼は天皇のもとに将軍・慶喜《よしのぶ》を議長とする列藩会議《れっぱんかいぎ》を構想しており、幕府の勢力を温存しようとした。そして、それを実現させるため、「大政奉還」の実現に尽力したのだ。

龍馬の策は採用され、慶応《けいおう》三（一八六七）年十月、十五代将軍・徳川慶喜は朝廷へ政権を返上。二百六十数年つづいた江戸幕府に終止符が打たれたのだ。

龍馬は従来のしきたりや慣習にとらわれることなく、自由闊達《じゆうかったつ》な発想を持つ男だった。こうした彼の気質を知る手がかりとして、「海援隊《かいえんたい》」の活動がある。

海援隊は龍馬が発足させた貿易商社だが、海軍の軍事訓練や砲術、測量術などを学ぶことができた。龍馬はこれらの技術を使い、欧米列強を相手とした貿易業を考えていたらしい。日本は四方を海に囲まれた島国であるがゆえに西洋との貿易に船は欠かせない。つまり、龍馬の海援隊は商社でありながら海軍であるという複合組織を目指したのだ。

龍馬のなかには、早い時期から西洋と渡りあえる日本という構想ができあがっていたようだ。そして、それを実現させるためには、武士が治める幕藩体制《ばくはんたいせい》でな

寺田屋・龍馬の部屋（てらだや・りょうまのへや）薩長同盟が成立した直後、龍馬は寺田屋の二階にいるところを伏見奉行所の役人に急襲される。しかし、寺田屋のお龍（のちに妻となる）の機転で難を逃れた。

く、西洋を見習った新しい組織と思想を持った日本に生まれ変わることが不可欠だと判断したのだろう。

しかし、龍馬は、大政奉還が発表されたわずか一カ月後、京都・近江《おうみ》屋で同士・中岡慎太郎《なかおかしんたろう》と座談していたところを十津川《とつがわ》郷士を名乗る刺客《しかく》数名に斬られてしまう。龍馬は即死し、重傷を負った中岡も翌日死亡した。こうして維新最大の功労者は新しい日本を見ることなく、この世を去ったのである。

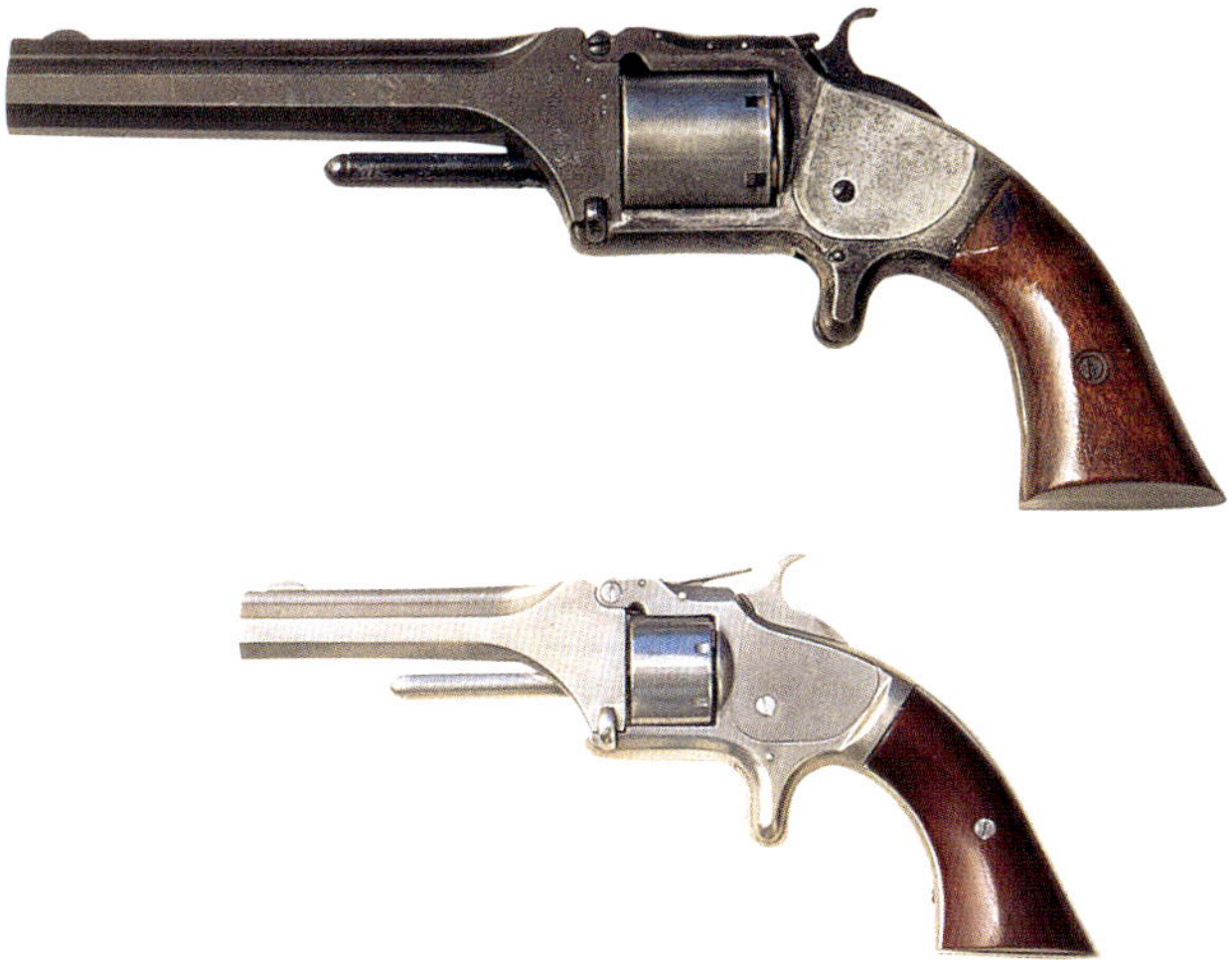

龍馬のピストル（りょうまのぴすとる）スミス＆ウエッソン社製の銃。上は高杉晋作から譲られたタイプで、下は近江屋で龍馬が携帯していたタイプ。写真は模型。（高知県立坂本龍馬記念館蔵）

旅籠
寺田屋
旅籠

伏見・寺田屋（ふしみ・てらだや）伏見・寺田屋は薩摩藩士らが乱闘におよぶ「寺田屋事件」をはじめ、何度も重要事件の舞台となった。また、坂本龍馬も定宿として利用していた。▼144ページ

月夜（つきよ）伊東の死骸は四つ辻のまんなかに放置された。「薄曇りの月影は血で赤く染まった遺骸を照らし出していた」と永倉新八は後年語っている。

伊東甲子太郎《いとうかしたろう》ら高台寺党員《こうだいじとう》を抹殺した油小路《あぶらこうじ》の血闘

新選組を脱退した伊東甲子太郎《いとうかしたろう》を筆頭とする高台寺党《こうだいじとう》の存在は、近藤《こんどう》勇《いさみ》、土方歳三《ひじかたとしぞう》らにとって日に日に目に余るものになっていった。西村兼文《にしむらかねふみ》著『新選組始末記《しまつき》』には、土方が「（御陵衛士《ごりょうえじ》たちの詰める）月真院《げっしんいん》の後方の山から大砲を撃ち、夜撃ちをすべし」と叫んだのに対し、近藤が「その策はあまりに大仰《おおぎょう》である」と言って、たしなめたという記述が残されている。

ときあたかも、大政奉還《たいせいほうかん》により徳川家の治世に幕が降ろされた直後。勤王《きんのう》活動を推し進める高台寺党の活動が、幕臣《ばくしん》となったばかりの近藤らの神経を逆なでしたことは察するに余りある。

慶応《けいおう》三（一八六七）年十一月十八日。近藤は、伊東を不動堂村屯所《ふどうどうむらとんしょ》近くの自らの妾宅に招き、宴席を設けた。建前は今後の国家について大いに語ろうということだったが、これより前に、伊東が新選組を討つ企てが発覚。それを知った近藤らが、伊東一派を暗殺するためだった。

近藤妾宅からの帰路。酒に酔った伊東が、本光寺《ほんこうじ》の辺りにさしかかったとき、突如、一本の槍が繰り出された。板塀《いたべい》の陰に潜み、伊東を待ち伏せていたのは近藤の意をふくんだ大石鍬次郎《おおいしくわじろう》、横倉甚五郎《よこくらじんごろう》、宮川信吉《みやがわしんきち》、岸島由太郎《きしじまよしたろう》ら四名の暗殺者だった。

伊東甲子太郎、絶命。策士と称された人物の、あまりにもあっけない死であった。だが、この夜の血の惨劇はこれだけでは終わらなかった。

丑三ツ（午前二時）、咳《しわぶき》ひとつたてることさえはばかられるような静寂に包まれるなか、七条《しちじょう》通りと油小《あぶらこう》路《じ》の四つ辻に、伊東甲子太郎の遺骸

戒光寺の墓（かいこうじのはか）衛士の藤堂平助も伊東とともにここに葬られている。伊東の遺骸を引き取りに来た御陵衛士らは「武装して行ったといわれるのは後生の恥」という理由から平服でやってきたという。（京都市東山区）

本光寺（ほんこうじ）伊東甲子太郎がことされた本光寺付近。伊東は新選組隊士らの急襲に刀を抜いて応戦するがついに力尽き、本光寺の門前に腰を下ろし、「命運尽きたるは残念至極。新選賊」と叫んで絶命したという。（京都市下京区）

は置き捨てられた。

まもなく油小路の役人が伊東の死を知らせに月真院に向かった。これを受けた衛士たちはすぐさま遺骸を引き取りに四つ辻へ向かう。そして、真っ先に伊東の遺骸に駆け寄った藤《とう》堂《どう》平《へい》助《すけ》が、用意の駕籠《かご》に遺骸を収容しようとしたそのとき、闇を切り裂く鉄砲の音があたりに鳴りわたり、周囲から鎖帷子《くさりかたびら》を身に着けた四十数名の新選組隊士が襲いかかってきた。四つ辻に置かれた伊東の遺骸は、高台寺党員をおびき寄せるための罠だったのである。たちまち深夜の京洛に激しい剣撃《けんげき》の音が響きわたった。だが、不意をつかれた御陵衛士たちは相次いで倒されてゆく。

この乱闘で、八人の御陵衛士たちのうち三名が倒され、五名は逃走した。新選組創設者のひとり、藤堂平助も顔面を続けざまに割られ、絶命した。維新を目前に控えた血なまぐさい事件であった。

斉藤一絵姿（さいとうはじめえすがた）壬生浪士組の頃からの同志だった斉藤は、伊東とともに分離したが、実は斉藤は近藤らの間者だったという。（函館市立函館博物館蔵）▶134ページ

新選組、京における最後の事件、天満屋《てんまや》の闘い

油小路《あぶらこうじ》の血闘から十九日目の慶応《けいおう》三（一八六七）年十二月七日。新選組は会津《あいづ》藩から、紀州《きしゅう》藩の公用人《こうようにん》・三浦休太郎《みうらきゅうたろう》の身辺警護の命令を受けた。場所は油小路の花屋町・天満屋である。

この背景には、同年十一月十五日の坂本龍馬《さかもとりょうま》、中岡慎太郎《なかおかしんたろう》暗殺事件がからんでいた。

龍馬暗殺より七カ月前のこと、紀州藩所属の藩船と土佐《とさ》藩海援隊《かいえんたい》のいろは丸が、瀬戸内海で衝突事故を起こした。このとき、龍馬が談判に入り、紀州藩は八万両もの賠償金を払わされることになる。龍馬暗殺はこれを恨んだ三浦ら紀州藩が犯人ではないかという噂が流れ、三浦の身辺に暗殺の危険が迫っていたのだ。

そして、その危惧通りの事件が起こる。七日夜、天満屋二階で宴席を囲む三浦と新選組隊士らの座敷に、かつて坂本龍馬が率いた海援隊と中岡慎太郎が指揮をとった陸援隊《りくえんたい》の隊士らが踏みこんできたのだ。襲撃者のなかには、のちに明治の名外相といわれた陸奥陽之助《むつようのすけ》（宗光《むねみつ》）もいた。

蝋燭が斬られたため、座敷はたちまち漆黒《しっこく》の闇となる。乱戦のさなか、三番隊長の斉藤一《さいとうはじめ》は背後から斬りかかられるが、居合わせた新選組隊士・梅戸勝之進《うめとかつのしん》がその男を羽交い締めにしたため、彼は生涯最大の死地を脱している。

襲撃の報を受けた新選組屯所では、急ぎ救援隊を派遣。しかし、途中でこちらも救援に向かう紀州藩兵とぶつかり、誤って斬りあうという失態を犯し、応戦には至っていない。

結果的に新選組は三浦の命を救ったが、犠牲も大きく、近藤勇の従兄弟にあたる宮川信吉《みやかわしんきち》は闘死している。

天満屋事件は新選組の京洛における最後の事件となった。

天満屋跡・中井庄五郎殉難跡石碑（てんまやあと・なかいしょうごろうじゅんなんあとせきひ）当時の天満屋の跡は「中井庄五郎殉難跡」と刻まれた石碑が目印である。▼141ページ

興正寺（こうしょうじ）三浦休太郎の護衛を紀州藩主から頼まれたのは、興正寺であったとされる。不動村屯所が興正寺の下屋敷だったといわれていることもあり、新選組との縁は深い寺。（京都市下京区）

陸奥宗光（むつむねみつ）和歌山藩出身。脱藩後に坂本龍馬と知り合い、海援隊に加わる。龍馬から「商法のことは陸奥にまかせております」といわれるほど商才に長けていた。のちに明治政府に入り、外務大臣などを歴任。（石黒コレクション蔵）

駈馬神事（かけうましんじ）新選組たちが陣を敷いた、伏見・藤森神社の神事。疾走する馬上で曲芸を披露し、戦の様子を再現する。また、この神社は腰痛にご利益があり、近藤がしばしば訪れたといわれる。▶144ページ

伏見奉行所跡（ふしみぶぎょうしょあと）伏見奉行所は慶応3（1867）年に廃止され、翌年の鳥羽伏見戦のときには新選組が本陣とした。近藤が負傷したとの報を受けた慶喜は、侍医と自分の寝具を近藤のために用意したという。▶144ページ

近藤《こんどう》勇《いさみ》、伊東派の残党に襲撃される

慶応《けいおう》三（一八六七）年十二月九日、京において、ついに天皇中心国家への復帰が高らかに宣言された。「王《おう》政復古《せいふっこ》の大号令《だいごうれい》」である。これにより、政治の機能も大幅に変わり、従来の摂政《せっしょう》、関白《かんぱく》等の官職や将軍職、京都守護職《きょうとしゅごしょく》等の旧体制はなくなり、新たに「総裁《そうさい》」「議定《ぎてい》」「参与《さんよ》」の三職が設けられた。

　また、同じ日の夕刻に明治《めいじ》天皇の御前で開かれた小御所会議《こごしょかいぎ》では新体制の話し合いがもたれ、徳川家の所領の返還などが決められた。徳川慶《とくがわよし》喜《のぶ》には大政奉還《たいせいほうかん》によって政治権力を手放したとはいえ、新政府には当然参画できるという思惑があった。しかし、会議の決定はそのような旧幕府側の期待を打ち砕くものだった。

岩倉具視（いわくらともみ）禄高は150石にすぎず、朝廷内での地位は低かった。小御所会議では王政復古と将軍罷免を主張し、維新回天の大立者となった。（東京国立博物館蔵）

十六日になるとすでに大坂城へ退却した慶喜の警護についていた新選組は、すぐさま旧伏見奉行所《きゅうふしみぶぎょうしょ》へと移動する。新選組は伏見奉行所を「本陣」と呼んだが、まさに京に攻めこむ倒幕派《とうばくは》の矢面に立つ場所であり、新政府軍との戦を覚悟しての「本陣」だったのであろう。

　一方、油小路《あぶらこうじ》の血闘で現場から逃走した高台寺党の残党たちは、京の薩摩《さつま》藩邸に身を寄せていた。彼らは新選組への復讐の機会を虎視眈々と狙っていたのである。

　そして十二月十八日。ついに近藤《こんどう》勇《いさみ》が狙われる。この日近藤は、きたるべき薩長との戦をにらんだ軍議に参加していたが、その帰路の出来事であった。伏見街道墨染《すみぞめ》付近で一発の銃弾が近藤を襲ったのだ。弾は左肩の下を貫通、重傷ではあったが、致命傷には至らず、近藤はそのまま騎馬で逃げきっている。

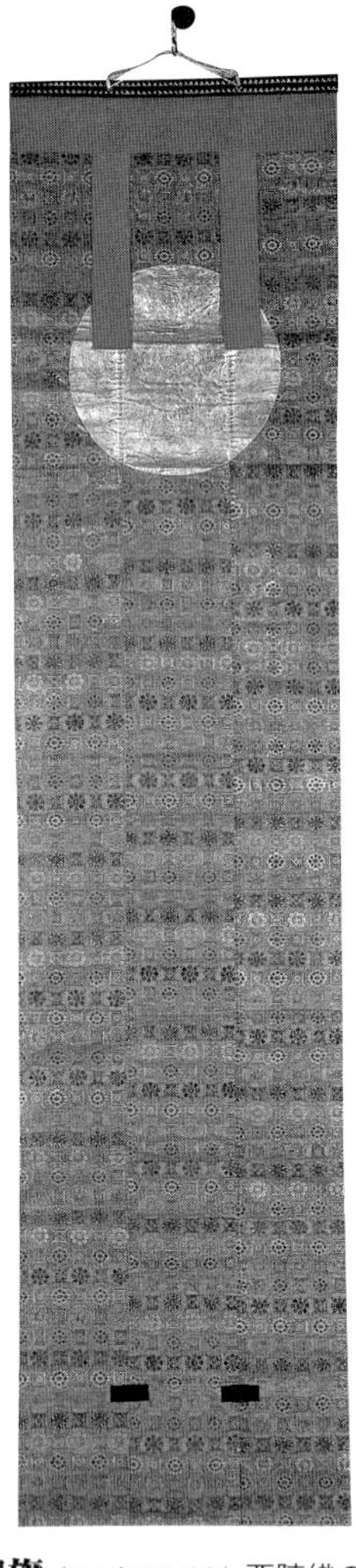

錦の御旗（にしきのみはた）西陣織の帯地に天皇家の紋章である十六枚の花弁の菊の紋があしらわれた旗。これを掲げることは、天皇の御親兵、つまり官軍であることを示す。（東京国立博物館蔵）

鳥羽伏見戦（とばふしみせん）この戦で旧幕軍は官軍の前に敗れ去った。新選組は得意の斬りこみをくり返したが、官軍の最新鋭兵器には歯が立たなかった。旧幕軍と新政府軍との間には、装備に大きな格差があった。（明治神宮聖徳記念絵画館蔵）

鳥羽伏見《とばふしみ》戦で新選組ら旧幕軍、ついに敗れる

慶応《けいおう》四年（一八六八）年正月三日。鳥羽伏見《とばふしみ》で薩長《さっちょう》軍と旧幕軍との戦いが始まる。こののち、一年あまりにわたって列島を北上し、函館《はこだて》戦争にまで至る戊辰《ぼしん》戦争の開幕である。

旧幕軍一万の兵力に対し、薩長軍は三千。人数は圧倒的に旧幕軍が有利であった。だが、武器、装備に優れる薩長側は旧装備の旧幕軍を圧倒。それでも、翌四日の戦闘では、近代装備の幕府伝習隊《でんしゅうたい》や会津藩の精鋭が奮闘し、旧幕軍側もやや盛りかえした。

しかし、この日決定的な出来事が起きた。薩長側に錦《にしき》の御旗《みはた》が翻ったのである。これにより薩長軍は官軍となり、幕府側諸藩は賊軍とされてしまった。錦旗《きんき》を目にした旧幕軍の戦意は目にみえて落ちていった。

鳥羽伏見の戦に、近藤勇《こんどういさみ》は参加していない。墨染《すみぞめ》で受けた銃創の治療のため、大坂奉行所で療養していたのだ。徳川慶喜《とくがわよしのぶ》のはからいで、御典《ごてん》医《い》の松本良順《まつもとりょうじゅん》が近藤の治療にあたったという。また、沖田総司《おきたそうじ》も結核を悪化させ、参戦していない。新選組は副長・土方歳三《ひじかたとしぞう》の指揮のもと、百五十名が旧幕軍側に加わった。

しかし、彼らの持つ大砲はわずか一門にすぎず、あきらかに不利な装備であった。隊士たちは伏見口に布陣し、数回にわたる斬りこみも敢行したが、次々と倒されてしまう。新選組の死者は三十余名におよび、この戦闘で山崎烝《やまざきすすむ》、井上源三郎《いのうえげんざぶろう》らといった幹部級の隊士も戦死している。

鳥羽伏見戦後、土方歳三は「もう、槍や刀での戦はできません」と、周囲に漏らすようになったという。時代の変化を悟ったのであろう。

敗戦ののち、近藤、土方らは幕船・富士山丸に乗り、海路で江戸へ向かった。そしてこれ以後、彼らが京洛にもどる日は、ついに訪れることはなかったのである。

戊辰戦争激戦之址（ぼしんせんそうげきせんのあと）
京都競馬場にかかる橋の下には、鳥羽伏見戦の慰霊碑が建つ。（京都市伏見区）

御香宮神社（ごこうのみやじんじゃ）鳥羽伏見戦のときに薩摩藩が本陣としたところ。新選組が詰めていた伏見奉行所は目と鼻の先にあり、薩摩藩の大砲の弾が雨あられと撃ちこまれた。▶145ページ

魚三楼の格子戸に残る銃弾跡（うおさぶろうのこうしどにのこるじゅうだんあと）料亭・魚三楼の表格子戸。新政府軍と旧幕軍との激戦地であったため、鳥羽伏見戦の銃弾跡が今も残っている。当時の様子がなまなましく伝わってくる。

伏見・魚三楼（ふしみ・うおさぶろう）魚三楼は明和元（1764）年に創業した京の老舗料亭。御香宮神社と縁が深く、鳥羽伏見戦のときには、布陣した薩摩藩への炊き出しを命じられている。（京都市伏見区）

魚三楼
京料理
魚三楼

最後まで闘い信義を貫き通した男たち

旧幕時代は急速に過去のものになりつつあった。文明開化の世を迎え、世相には欧米の文化が巨大な奔流となって流れこんでいた。

新選組・局長の近藤勇《こんどういさみ》は、慶応《けいおう》四（一八六八）年四月二十五日、江戸・板橋《いたばし》宿で官軍によって斬首に処された。享年三十五歳であった。

近藤の首は板橋で三日間晒《さら》されたのち、京に運ばれて三条河原でも三日間晒しにされた。胴体は板橋の刑場近くに埋められたが、処刑三日後に近藤の近親者によって掘り返され、実家・宮川《みやがわ》家の菩提《ぼだい》寺である龍《りょう》源《げん》寺に改葬された。

一番隊組長・沖田総司《おきたそうじ》は千駄ヶ谷の植木屋・柴田平五郎《しばたへいごろう》宅に隠れていたが、慶応四（一八六八）年五月三十日に肺結核を悪化させて死んだ。沖田は息をひきとる直前まで近藤の死を知らされておらず、近藤からの書簡を心待ちにしていたという。天才剣士、二十七歳の死であった。

近藤、沖田の死後も新選組の残党を引き連れ、ひとり官軍に抵抗したのが副長の土方歳三《ひじかたとしぞう》である。土方は旧幕府海軍を率いていた榎本武揚《えのもとたけあき》らとともに戦いながら北上した。やが

永倉新八の墓（ながくらしんぱちのはか）東京都北区のJR板橋駅前に建てられた墓。新選組の二番隊長だった永倉新八は明治の世を生き抜いた。そして、新選組の生き残りとして後世に新選組の在り方を伝えるという仕事を全うしたのである。

函館・五稜郭（はこだて・ごりょうかく）土方歳三が落命してから6日後、函館は降伏した。ここに「戊辰戦争」が終わりを告げ、明治新政府は完全に日本を掌握した。（北海道函館市）

てその最期は函館で訪れる。明治《めいじ》二（一八六九）年五月十一日、五稜郭《ごりょうかく》の弁天台場に立て籠った新選組に向けて官軍から発せられた一発の銃弾が、鬼の副長・土方の胸を貫いた。享年三十五歳。奇しくも前年に死んだ盟友・近藤勇と同じ歳であった。

明治後も命をながらえた幹部隊士に、新選組二番隊長だった永倉新八《ながくらしんぱち》がいる。永倉は、明治七（一八七四）年、政府によって旧幕軍の弔慰を許可する通達が出されたことを受け、ひとり奔走した。そして彼らの真摯な人生は、明治九年に完成した巨大な慰霊碑として帰結する。近藤勇ら新選組の死亡隊士百十余名の名を刻んだ慰霊碑はいまもＪＲ板橋駅東口に建っている。

新選組が京洛を駆け抜けてから、百三十年余りが過ぎ去った。だが、時代に翻弄されながらも、信義を貫き通した男たちの息吹は、いまもって古びてはいない。

新選組 主要部隊員名簿

幕末の武闘《ぶとう》派《は》集団・新選組は、ともすれば、血なまぐさいイメージを持たれがち。しかし、その裏には実に豊かな人間像が潜んでいる。近藤勇《こんどういさみ》以下十六名の隊士たちのプロフィールを一挙公開。

誠を貫いた幕末の剣士

近藤 勇（こんどういさみ）

生没年：天保五（一八三四）年～慶応四（一八六八）年（斬首）
出身地：武蔵国多摩郡（現東京都）
流　派：天然理心流《てんねんりしんりゅう》

新選組局長。無名の浪士集団を幕府召し抱えの見廻組「新選組」となるまでに導いた。局長でありながら数々の戦いで自ら第一線にたち、「池田屋騒動《いけだやそうどう》」では四、五人の敵を一

武士道に徹した鬼副長

土方歳三（ひじかたとしぞう）

生没年：天保六（一八三五）年～明治二（一八六九）年（戦死）
出身地：武蔵国多摩郡（現東京都）
流　派：天然理心流

新選組を最強の武士団にしようと務めた副長。「鬼の副長」ともいわれるほど冷徹な性格で、組をまとめるためには山南敬助《やまなみけいすけ》などの幹部を切腹させることも厭わなかった。相当

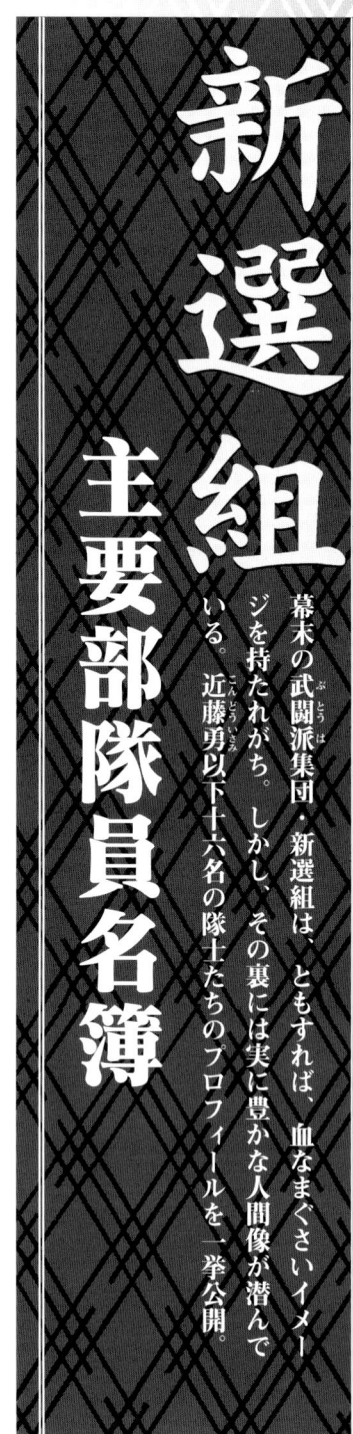

「戦友絵姿」の近藤勇
（函館市立函館博物館蔵）

手に受けて奮闘。池田屋の暗闇には近藤の凄まじい気合が轟いていたという。文武両道を目指し、稽古の合間には頼山陽《らいざんよう》の「日本外史《にほんがいし》」や漢学を学ぶなど、常に勉強も欠かさなかった。厳《いか》つい外見であったが礼儀正しく、謹厳実直な性格であった。

「戦友絵姿」の土方歳三
（函館市立函館博物館蔵）

な美男子で、新選組に入る前は奉公先の呉服屋の女中を妊娠させて叩き出されたり、花魁《おいらん》をめぐって決闘をしたりなど、多くの逸話がある。日野《ひの》の道場に送った小包から、土方宛の恋文が十数通も出てきたという話も残っている。

心優しき剣の天才

沖田総司（おきたそうじ）

生没年：天保十三（一八四二）年〜慶応四（一八六八）年（病死）
出身地：武蔵国多摩郡（現東京都）
流　派：天然理心流

一番隊組長。天然理心流に九歳で入門、二十歳にして塾頭となるほどの天賦の剣才の持ち主。淡々と人を斬りつづける非情なまでの強さとは裏腹に、壬生寺《みぶでら》境内で子どもたちと遊び、冗談をいうなど明るい性質だった。

誠実で穏やかな兄貴分

井上源三郎（いのうえげんざぶろう）

生没年：文政十二（一八二九）年〜慶応四（一八六八）年（戦死）
出身地：武蔵国多摩郡（現東京都）
流　派：天然理心流

六番隊組長。近藤勇《こんどういさみ》、土方歳三《ひじかたとしぞう》と同郷であるよしみから、ともに浪士組の徴募に応じて上洛。試衛館《しえいかん》道場の出身で、土方や沖田総司《おきたそうじ》の兄弟子に当たる。温厚な性格で若い隊士たちに人望があったという。

文武両道の異分子

伊東甲子太郎（いとうかしたろう）

生没年：天保六（一八三五）年〜慶応三（一八六七）年（暗殺）
出身地：常陸国志筑藩（現茨城県）
流　派：神道無念流《しんとうむねんりゅう》、北辰一刀流《ほくしんいっとうりゅう》

新選組参謀《さんぼう》ならびに文学師範《ぶんがくしはん》。急進的な勤《きん》王《のう》思想の持ち主であり、のちに思想の異なる新選組を離れ、天皇の墓を守る御陵衛士《ごりょうえじ》となる。山南敬助《やまなみけいすけ》の切腹をうれいて歌を詠むなど学識あふれる人物だった。北辰一刀流を極め、道場主も務めた腕前。

伊東甲子太郎肖像
（個人蔵）

暗殺された槍の名人

谷三十郎（たにさんじゅうろう）

生没年：～慶応二（一八六六）年（暗殺）
出身地：備中国松山藩（現岡山県）
流　派：神陰流《しんかげりゅう》（剣術）・種田宝蔵院流《たねだほうぞういんりゅう》（槍術）

七番隊組長ならびに八番大砲組を率いる。新選組には兄と弟との三人兄弟で入隊した。神陰流の剣術家で槍の名手。「池田屋騒動《いけだやそうどう》」でも活躍した。祇園《ぎおん》石段下において、何者かに斬り殺されて命を落とした。

戦いに倒れた天才剣士

藤堂平助（とうどうへいすけ）

生没年：天保十五（一八四四）年～慶応三（一八六七）年（殺害）
出身地：武蔵国江戸（現東京都）など諸説あり
流　派：北辰一刀流

八番隊組長。のちに伊東甲子太郎《いとうかしたろう》とともに隊を離れ、御陵衛士となった。津《つ》藩藩主・藤《とう》堂《どう》和泉守《いずみのかみ》の落胤《らくいん》という噂があり、美男だったという。油小路《あぶらこうじ》で新選組に斬り殺されたが、近藤勇はその死を深く悼んだという。

「死に損ない」の槍の名手

原田左之助（はらださのすけ）

生没年：天保十一（一八四〇）年～慶応四（一八六八）年（戦死）
出身地：伊予国松山藩（現愛媛県）
流　派：種田流《たねだりゅう》（槍術）

十番隊組長。槍の名人で新選組が関わったほぼすべての事件で活躍する。「切腹の作法も知らぬ下司下郎」といわれて憤慨し、自分の腹に刀を刺したことが自慢で、ことあるごとに腹の傷を見せたという。

温厚なる謎の剣客

山南敬助（やまなみけいすけ）

生没年：天保四（一八三三）年～慶応元（一八六五）年（切腹）
出身地：陸奥国仙台藩（現宮城県）
流　派：北辰一刀流

新選組副長、総長を務める。近藤勇《こんどういさみ》の道場・試衛館から浪士組に参加した古参の幹部で、隊士から「さんなんさん」と愛称で呼ばれるほど人望が厚かった。しかし、出動記録もわずかで、突然の脱走劇ののちに切腹した。

不遇な死を迎えた勘定方
河合耆三郎（かわいきさぶろう）

生没年：天保九（一八三八）年～慶応二（一八六六）年（切腹）
出身地：播磨国姫路藩（現兵庫県）
流　派：不明

隊の勘定方《かんじょうがた》を務めた。新選組には珍しく商家の出身。帳簿の不正をとがめられ切腹を命ぜられたが、遺族はその死に抗議。僧侶を何人も呼び、屯所《とんしょ》のまわりを読経させながら歩かせたという。

裏方を務める奥州の剣客
吉村貫一郎（よしむらかんいちろう）

生没年：天保十一（一八四〇）年～慶応四（一八六八）年
出身地：陸奥国南部藩（現岩手県）
流　派：北辰一刀流

剣術師範や監察、取締役など主として裏方を務めた。新選組への入隊は遅く、慶応元《けいおう》（一八六五）年の募集で入隊している。鳥羽伏見戦ののちに脱走して切腹したとされるが、鳥羽伏見戦で戦死したという説もある。

波乱の生涯を生きた剣士
斉藤一（さいとうはじめ）

生没年：天保十五（一八四四）年～大正四（一九一五）年
出身地：武蔵国江戸（現東京都）など諸説あり
流　派：諸説あり

新選組三番隊組長。剣の腕は確かで、沖田《おきた》総司《そうじ》と並ぶ剣士といわれた。鳥羽伏見戦ののちに土方歳三《ひじかたとしぞう》と行動を別にし、会津《あいづ》に残って新選組を率いた。新選組時代の報復を恐れたのか山口二郎、藤田五郎など変名を繰り返した。維新後は警視庁に勤務した。

「戦友絵姿」の斉藤一
（函館市立函館博物館蔵）

新選組の生き証人
永倉新八（ながくらしんぱち）

生没年：天保十（一八三九）年～大正四（一九一五）年
出身地：武蔵国江戸（現東京都）など諸説あり
流　派：神道無念流

二番隊組長。隊中一、二を争うほどの剣豪で、「池田屋騒動《いけだやそうどう》」では左手に傷を負いながら四人の浪士を倒したという。維新後も生き延び『新選組顛末記《しんせんぐみてんまつき》』などの記録の詳述や、顕彰碑《けんしょうひ》を建てるために奔走した。

幕末の事件を記録した幹部
島田　魁（しまだかい）

生没年：文政十一（一八二八）年～明治三十三（一九〇〇）年
出身地：美濃国大垣藩（現岐阜県）
流　派：心形刀流

巨漢の怪力剣士。新選組では幹部隊士として活躍した。隊の発足当時から新選組の主な事件に立ちあい、最後は函館《はこだて》まで転戦した。昭和四（一九二九）年に発見された『島田魁日記』は新選組研究の貴重な資料である。

札付きの乱暴者だった初代局長
芹沢　鴨（せりざわかも）

生没年：～文久三（一八六三）年（暗殺）
出身地：常陸国水戸藩（現茨城県）
流　派：神道無念流

新選組初代局長。人を斬ったかどで追われていたが、許されてのちに浪士組に参加。酒を飲んでは島原《しまばら》の角屋《すみや》に営業停止を言い渡すなど乱行が絶えなかった。京都守護職《きょうとしゅごしょく》の意を受けた近藤勇《こんどういさみ》、土方歳三《ひじかたとしぞう》らに暗殺される。

腹を切らされた副長
新見　錦（にいみにしき）

生没年：天保七（一八三六）～文久三（一八六三）年（切腹）
出身地：常陸国水戸藩（現茨城県）
流　派：神道無念流

初期の編成では新選組副長で、局内では芹《せり》沢鴨《ざわかも》、近藤勇《こんどういさみ》につづく三番目の地位を得ていた。芹沢の腹心として浪士組に入るが、芹沢暗殺の直前に、法度《はっと》やぶりのかどによって、近藤一派に切腹させられ、果てた。

京都幕末散策地図

幕末の京の町には、倒幕《とうばく》派《は》と佐幕《さばく》派《は》の志士たちが互いの動向をうかがいながら、点在していた。敵を倒すため、新選組は日夜、この町を駆け抜けた。彼らの足跡をエリア別に紹介。

洛中

八木邸、旧前川邸▶P.138

新徳寺▶P.138

壬生寺▼P.138

蛤御門▼P.139

池田屋跡▼P.139

角屋▶P.139

六角獄舎跡▶P.140

光縁寺▼P.140

二条城▶P.140

天満屋事件跡▼P.141

不動堂明王院▶P.141

洛東

金戒光明寺▶P.141

八坂神社▼P.142

一力亭▼P.142

明保野亭跡▶P.142

泉涌寺▶P.143

月真院▶P.143

京都霊山護国神社▶P.143

洛南

寺田屋▶P.144

伏見奉行所跡▼P.144

藤森神社▶P.144

御香宮神社▶P.145

洛西

天龍寺▶P.145

上京区
左京区
京都市
立命館大学
仁和寺
北野天満宮
相国寺
今出川通り
今出川
同志社大学
出町柳
知恩寺
京福北野線
北野
北野白梅町
西陣
堀川通り
千本通り
京都御所
河原町通り
鴨川
京阪鴨東線
東大路通り
京都大学
銀閣寺
吉田山
法然院
嵐山へ
妙心寺
蛤御門
京都府庁
京都守護職邸跡
金戒光明寺
丸太町通り
丸太町
花園
嵯峨野線（山陰本線）
円町
西ノ京
洛中
二条城
池田屋跡
平安神宮
洛東
京都市役所
岡崎
南禅寺
山ノ内
二条
二条城前
烏丸御池
御池通り
三条京阪
地下鉄東西線
六角獄舎跡
中京区
三条大橋
三条
東山
蹴上
京福嵐山線
旧前川邸
八木郎
大宮
四条通り
烏丸
河原町
南座
知恩院
八坂神社
右京区
西院
四条大宮
四条
四条烏丸通り
一力亭
月真院
壬生寺
光縁寺
京都霊山護国神社
新徳寺
翠紅館跡
山科へ
阪急京都線
丹波口
角屋
五条通り
五条
明保野亭跡
御陵
下京区
東山区
西大路通り
朱雀
西本願寺
東本願寺
清水寺
西京極
興正寺
天満屋事件跡
京都国立博物館
七条
大津へ
桂へ
七条通り
本光寺
油小路通
妙法院（三十三間堂）
梅小路公園
琵琶湖線（東海道本線）
京都
不動堂村屯所跡
不動堂明王院
東海道新幹線
西大路
東寺
東九条
東福寺
泉涌寺
名古屋へ
JR京都線（東海道本線）
九条
九条通り
地下鉄烏丸線
東福寺
孝明天皇陵
山科区
十条
近鉄京都線
鳥羽街道
JR奈良線
吉祥院
伏見稲荷
南区
伏見稲荷大社
稲荷山
高槻へ
稲荷
上鳥羽口
深草
洛南
0
1km
くいな橋
伏見区
京阪本線
桂川
鴨川
藤森
名神高速道路
京都南IC
竹田
藤森神社
京都
新大阪へ
大和西大寺へ
枚方市へ
宇治へ

二尊院
右京区
洛西
落柿舎
常寂光寺
亀岡へ
京都へ
嵯峨野線（山陰本線）
嵯峨嵐山駅
小倉池
嵯峨野観光鉄道
トロッコ嵯峨駅
京福嵐山線
四条大宮へ
トロッコ嵐山駅
天龍寺
嵯峨駅前駅
亀山公園
嵐山駅
渡月橋
嵐山公園
保津川（大堰川）
嵐山
法輪寺
嵐山駅
桂へ
西京区
金剛寺
阪急嵐山線
0
300m

七条へ
京都へ
洛南
三寶寺
御香宮神社
JR奈良線
願生寺
源空寺
桃山御陵前駅
真福寺
大手筋
伏見桃山駅
東本願寺伏見別院
桃山駅
宇治へ
西教寺
伏見区
伏見奉行所跡
奈良街道
裁判所
桃山町
寺田屋
近鉄京都線
西運寺
月橋院
月桂冠大倉記念館
伏見公園
京阪本線
観月橋駅
枚方市へ
願船寺
京阪宇治線
宇治へ
妙福寺
宇治川
中書島駅
観月橋
向島
葭島
外環状線
0
200m
伏見港公園
大和西大寺へ

洛中

八木邸《やぎてい》、旧前川邸《きゅうまえかわてい》

浪士組が最初に屯所《とんしょ》としたのが、八木源之丞《やぎげんのじょう》邸と前川荘司《まえかわそうじ》邸である。八木邸は現在「京都鶴屋鶴寿庵《つるやかくじゅあん》」という和菓子店を営み、新選組にちなんだ「屯所餅」が売られている。旧前川邸は現在は見学できない。

住　所　八木邸：中京区壬生梛ノ宮町24
アクセス　八木邸：阪急京都線大宮駅下車、徒歩7分
住　所　旧前川邸：中京区綾小路坊城東南角
アクセス　旧前川邸：阪急京都線大宮駅下車、徒歩7分

幕末の面影を残す八木邸。

新徳寺《しんとくじ》

臨済宗永源寺《りんざいしゅうえいげんじ》の末寺。壬生寺《みぶでら》の東に位置しており、江戸から上った浪士組が本陣とした。清河八郎《きよかわはちろう》が大演説を行った本堂は、当時の姿のまま保存されている。現在、内部は非公開のため見学はできない。

住　所　中京区壬生賀陽御所町48
アクセス　阪急京都線大宮駅下車、徒歩7分

壬生寺《みぶでら》

律宗《りっしゅう》の本山で、創建は正暦二（九九一）年。仏教無言劇である壬生狂言《みぶきょうげん》でも有名。新選組隊士が境内で軍事訓練を行うなど新選組とは縁が深い。壬生塚には近藤勇《こんどういさみ》の胸像や芹沢鴨《せりざわかも》の墓があるほか、隊士十一名が祀られている。

住　所　中京区坊城仏光寺北入ル
アクセス　阪急京都線大宮駅下車、徒歩10分

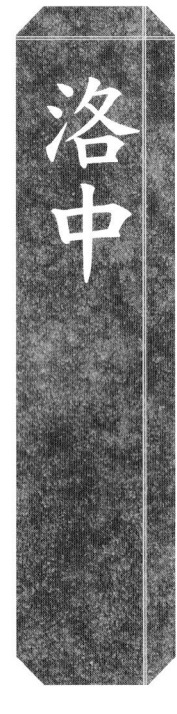

蛤御門《はまぐりごもん》

京都御苑《きょうとぎょえん》を囲む九門のうちのひとつ。宝永の大火《たいか》のときに初めて門が開かれたため「焼けて口あく蛤御門《はまぐりごもん》」と呼ばれたという。「蛤御門ノ変」の舞台となり、門の扉に残る流れ弾の痕が激戦の様子を物語っている。

住所 上京区京都御苑
アクセス 地下鉄烏丸線丸太町駅下車、徒歩8分

池田屋跡《いけだやあと》

三条小橋の西に位置した旅館・池田屋《いけだや》は、新選組隊士が急襲し、壮絶な乱闘を行った「池田屋騒動《いけだやそうどう》」の舞台である。現在は「池田屋騒動之址」と記した石碑が事件の証拠としてひっそりと残っている。

住所 中京区三条通河原町東入ル北側
アクセス 京阪本線三条駅下車、徒歩5分

角屋《すみや》

京都では唯一の公許の花街《かがい》。正式な地名は西屋敷であるが、開設当初の移転騒動により、島原と俗称される。往時をしのばせるものは、入り口の大門、置屋である輪違屋《わちがいや》、揚屋《あげや》の角《すみ》屋《や》の三カ所のみである。新選組は島原で幾度も宴席を設けている。

住所 下京区西新屋敷揚屋町32（角屋もてなしの文化美術館）
アクセス JR京都駅より市バス島原口下車、徒歩2分

江戸をしのばせる古い町並みが残る。

六《ろっ》角《かく》獄《ごく》舎《しゃ》跡《あと》

安政《あんせい》の大獄《たいごく》以降、多くの政治犯が収容されたところ。「蛤御門《はまぐりごもん》ノ変《へん》」のとき、囚人が獄を脱することを恐れた幕吏《ばくり》が獄内で収監されていた志士の多くを惨殺。新選組も惨殺に加わったという説もある。

住所 中京区六角通大宮西入ル
アクセス 阪急京都線大宮駅下車、徒歩5分

光《こう》縁《えん》寺《じ》

浄土宗《じょうどしゅう》の満月山《まんげつざん》普照院《ふしょういん》光縁寺《こうえんじ》。創建は天正年間で、山門と本堂は現在も当時の姿のまま残る。脱走ののちに切腹した山南敬助《やまなみけいすけ》のほか、谷三十郎《たにさんじゅうろう》などの墓がある。伊東甲子太郎《いとうかしたろう》も当初は光縁寺に埋葬された。

住所 下京区綾小路通大宮西入ル四条大宮37
アクセス JR京都駅より市バス四条大宮下車、徒歩5分

二《に》条《じょう》城《じょう》

徳川家康《とくがわいえやす》が上洛の際の宿所として建てた平城。慶長《けいちょう》八（一六〇三）年竣工。世界遺産に指定されており、なかでも美麗を極めた二之丸御殿は必見。徳川慶喜《とくがわよしのぶ》が大政奉還《たいせいほうかん》をいい渡した大広間も見学できる。

住所 中京区二条通堀川西入ル二条城町541
アクセス JR京都駅より市バス二条城前下車、徒歩すぐ

徳川家の興亡を見つめてきた二条城。

天満屋事件跡《てんまやじけんあと》

油小路《あぶらこうじ》通りにある料亭・天満屋《てんまや》には、海援《かいえん》隊士《たいし》から坂本龍馬《さかもとりょうま》暗殺の犯人と目されていた三浦休太郎《みうらきゅうたろう》が宿しており、新選組が警護に当たっていた。現在は、三浦を襲撃した中井庄《なかいしょう》五郎《ごろう》殉難の石碑が建っている。

住所 下京区油小路通花屋町下ル

アクセス ＪＲ京都駅下車、徒歩10分

不動堂明王院《ふどうどうみょうおういん》

不動明王《ふどうみょうおう》、弘法大師《こうぼうだいし》、役行者《えんのぎょうしゃ》を祭る神社。新選組の三番目の屯所はこのそばに建てられ不動堂屯所と呼ばれた。屯所の跡にはリーガロイヤルホテルが建ち、「誠」の文字と近藤《こんどう》勇《いさみ》の和歌を刻んだ石碑がある。

住所 下京区油小路通三哲下ル不動堂町

アクセス ＪＲ京都駅下車、徒歩10分

洛東

金戒光明寺《こんかいこうみょうじ》

鎌倉時代に創建された浄土宗の寺院。「黒《くろ》谷《だに》」さんの名前で地元に親しまれており、境内へ長くつづく階段は、時代劇の撮影によく使われる。京都守護職《きょうとしゅごしょく》を拝命し上洛した会津《あいづ》藩主・松平容保《まつだいらかたもり》は、すぐには邸を作ることができずにこの寺を本陣とした。

住所 左京区黒谷町121

アクセス ＪＲ京都駅より市バス岡崎道下車、徒歩5分

応仁の乱で一度消失したが、豊臣家の手によって復興を遂げている。

八坂神社《やさかじんじゃ》

疫病《えきびょう》から人々を救う祇園の守り神として創建された神社。本殿は「祇園造り」と呼ばれる独特の様式で、西楼門とともに重要文化財に指定。文久《ぶんきゅう》三（一八六三）年の相撲興行の際、新選組が警備を担当した場所である。

住　所　東山区祇園町北側625
アクセス　JR京都駅より市バス祇園下車、徒歩すぐ

一力亭《いちりきてい》

歌舞伎「仮名手本忠臣蔵《かなでほんちゅうしんぐら》」でもおなじみの祇園お茶屋の代表格。諸藩の周旋方《しゅうせんがた》が集合し、公武合体《こうぶがったい》の話し合いが持たれたといわれる場所で、この会議には近藤勇《こんどういさみ》も出席した。現在もお茶屋として営業している。

住　所　東山区花見小路通四条下ル東側
アクセス　京阪本線四条駅下車、徒歩10分

明保野亭跡《あけぼのていあと》

坂本龍馬《さかもとりょうま》が常宿とし、志士たちの秘密の会合が持たれた旅館。「池田屋騒動」の残党狩りに出動した会津《あいづ》藩士・柴司《しばつかさ》が誤って土佐《とさ》藩士・麻田時太郎《あさだときたろう》を傷つけた「明保野亭事件《あけぼのていじけん》」の舞台でもある。

住　所　東山区清水三丁目334
アクセス　JR京都駅より市バス清水道下車、徒歩10分

現在は青龍苑という観光名所となっている。

泉涌寺《せんにゅうじ》

歴代天皇の菩提寺《ぼだいじ》である寺。別名「御寺《みでら》」と呼ばれる。泉涌寺《せんにゅうじ》の後山には、京都に住んだ最後の天皇である孝明《こうめい》天皇の墓・東山月輪《ひがしやまつきのわ》御陵が位置する。付近には古寺・旧跡が多く、御陵《ごりょう》伊東甲子太郎《いとうかしたろう》ら御陵衛士《ごりょうえじ》の墓もある。

住所 東山区泉涌寺27
アクセス JR京都駅より市バス泉涌寺道下車、徒歩10分

月真院《げっしんいん》

新選組から分離した伊東甲子太郎《いとうかしたろう》ら御陵衛士が詰めた高台寺《こうだいじ》の塔頭《たっちゅう》。この部屋で伊東が西郷隆盛《さいごうたかもり》や坂本龍馬《さかもとりょうま》らと会談したという話が、高台寺に伝えられている。現在、宿坊《しゅくぼう》として機能しているので泊まることができる。

住所 東山区下河原通八坂鳥居前下ル下河原町463
アクセス JR京都駅より市バス東山安井下車、徒歩10分

京都霊山護国神社《きょうとりょうぜんごこくじんじゃ》

創設は明治元（一八六八）年。明治維新の大業の前に散った数多くの志士の墓がある神社。合計千百四十三名の志士たちの御霊が祭られている。なかでも維新の傑物・坂本龍馬の墓に詣る人は多く、その墓前には今も線香の煙が絶えない。

住所 東山区清閑寺霊山町1
アクセス JR京都駅より市バス東山安井下車、徒歩15分

高杉晋作や久坂玄瑞など幕末に散った志士たちもここに眠る。

洛南

寺田屋《てらだや》

館内には志士たちがつけたであろう刀傷や弾痕が残る。

坂本龍馬ら討幕派が泊まっていた旅籠《はたご》で、寺田屋事件の舞台となった場所。龍馬が泊まったとされる部屋など、館内は見学可能。江戸時代と変わらず「寺田屋」の提灯がさがり、維新時そのままの姿をとどめている。

住　所　伏見区南浜町263
アクセス　京阪本線中書島駅下車、徒歩5分

伏見奉行所跡《ふしみぶぎょうしょあと》

鳥羽伏見戦の舞台。幕軍《ばくぐん》として戦に加わった新選組は伏見奉行所を屯所《とんしょ》とし、「本陣」と称した。薩摩《さつま》藩の本陣からの砲撃により炎上。現在、伏見奉行所跡は桃陵団地《とうりょうだんち》となり、「伏見奉行所跡」の碑が建てられている。

住　所　伏見区西奉行町桃陵団地内
アクセス　京阪本線伏見桃山駅下車、徒歩5分

藤森神社《ふじのもりじんじゃ》

創建は平安遷都よりも古く、神功皇后《じんぐうこうごう》が凱旋したときの兵具《ひょうぐ》を祭ったとされる神社。戦や勝負の神社であり、馬に乗って武技をみせる駈馬《かけうま》神事で有名。また腰痛に御利益があり、近藤勇が参拝していたといわれる。

住　所　伏見区深草鳥居崎町609
アクセス　京阪本線墨染駅下車、徒歩5分

中田昭（なかたあきら）

1951年生まれ。写真家。写真家芳賀日出男氏に師事。（社）日本写真家協会、日本旅行作家協会会員。主な著書、共著に『京都古道物語』（グラフィック社）、『京都の祭』（保育社）、『京都の大路小路』（小学館）、『京都歴史街道』（京都書院）、『源氏物語を行く』（小学館）、『光源氏が見た京都』（学習研究社）など。

参考文献

『幕末新聞』 アスペクト 幕末新聞編纂委員会編／『血誠 新撰組』 学研／『図説幕末志士199』 学研／『新選組決定録』 河出書房新社 伊東成郎／『新選組永久保存版 総特集 幕末に咲いた滅びの美学』 河出書房新社／『近藤勇白書』 講談社 池波正太郎／『江戸東京年表』 小学館 吉原健一郎、大濱徹也編／『生麦事件 上下』 新潮社 吉村昭／『燃えよ剣 上下』 新潮社 司馬遼太郎／『幕末維新のしくみ』 実業之日本社 童門冬二監修／『新選組知れば知るほど』 実業之日本社／『入門ビジュアルヒストリー幕末・維新のしくみ』 実業之日本社／『新選組顛末記』 新人物往来社 永倉新八／『土方歳三、沖田総司全書簡集』 新人物往来社 菊地明編／『土方歳三の生涯』 新人物往来社 菊地明／『新選組新聞』 新人物往来社／『新選組原論』 新人物往来社／『幕末明治 古写真帖』 新人物往来社／『写真集新選組散華』 新人物往来社 菊地明ほか／『幕末維新京都史跡辞典』 新人物往来社 石田孝喜／『新選組組長列伝』 新人物往来社／『新選組原論 新選組研究バイブル』 新人物往来社／『新選組資料集』 新人物往来社／『新選組始末記』 中公文庫 子母澤寛／『新選組遺聞』 中公文庫 子母澤寛／『新選組物語』 中公文庫 子母澤寛／『新選組100話』 中央公論社 鈴木亨／『新選組日記 永倉新八日記・島田魁日記を読む』 PHP研究所 木村幸比古／『坂本龍馬』 PHP研究所 黒鉄ヒロシ／『新選組』 PHP研究所 黒鉄ヒロシ／『幕末新選組』 文藝春秋 池波正太郎／『図解雑学 絵と文章でわかりやすい！ 新選組』 菊地明／『ニューエスト26 街ごとまっぷ 京都府都市地図 京都区分4』 昭文社／『新選組解体新書』 光栄／『新選組全史 幕末・京都編』 角川文庫 中村彰彦／『維新前夜の京をゆく 新選組見聞録』 京都新聞出版センター／『新選組の青春―壬生と日野の日々―』 青幻舎／『新選組京をゆく』 淡交社／『新選組』 ナツメ社 菊地明／『大江戸ものしり図鑑』 主婦と生活社 花咲一男監修／『値段史年表 明治大正昭和』 朝日新聞社 週刊朝日編／『標準日本史年表』 吉川弘文館 児玉幸多編／『総合資料日本史』 浜島書店／『新詳日本史図説』 浜島書店／『精選日本史資料』 第一学習社／『日本史資料集』 山川出版社／『日本史用語集』 山川出版社 全国歴史教育研究協議会編／『日本史辞典』 数研出版

動乱の幕末に青春を賭けた男たちがいた

新選組が京都で見た夢

発行日 2003年11月7日

プロデュース……………松本兼二（株式会社スリーシーズン）
企画編集……………（株）スリーシーズン（田中仁子／花澤靖子／石﨑芽衣）
執　筆……………青木康洋
編集協力……………高橋美帆
カバー・本文デザイン……………嶋岡誠一郎

編　集　人……………堀部泰憲
発　行　人……………堀　昭
発　行　所……………（株）学習研究社
〒145-8502
東京都大田区上池台4-40-5

製作協力……………（株）AZTEK
印　刷　所……………大日本印刷（株）

この本に関する各種のお問い合わせは、以下のところにお願いいたします。
●編集内容については ☎03-5434-2631（編集部）
●在庫・不良品（落丁・乱丁）については ☎03-3726-8188（出版営業部）
●それ以外のこの本に関するお問い合わせは
学研お客様センター『新選組が京都で見た夢』係まで
文書は〒146-8502 東京都大田区仲池上1-17-15
電話は03-3726-8124
落丁・乱丁はお取替えいたします。

G1-66052

御《ご》香《こうの》宮《みや》神《じん》社《じゃ》

鳥羽伏見戦で、薩摩・長州《ちょうしゅう》軍の本陣となった。御香宮《ごこうのみや》の東の山上に大砲を据えつけた薩長軍は、新選組が布陣する伏見奉行所に向けて砲撃した。拝殿右駐車場奥には「明治維新鳥羽伏見の戦跡」との石碑がある。

住所 伏見区御香宮門前町176

アクセス 近鉄京都線桃山御陵前駅下車、徒歩3分

境内に湧く清水は、日本の名水百選に選ばれている。

洛西

天《てん》龍《りゅう》寺《じ》

創建は室町時代、足利尊氏《あしかがたかうじ》が後醍醐《ごだいご》天皇の菩提を弔う目的で建立した。京都五山第一位の名刹で、世界文化遺産にも指定されている。応仁の乱以来八度に渡って焼失し、現在の諸堂は明治時代に建立されたもの。「蛤《はまぐり》御門《ごもん》ノ変《へん》」では長州軍が陣を敷いている。

住所 右京区嵯峨天龍寺芒ノ馬場町68

アクセス 阪急嵐山線嵐山駅下車、徒歩15分

南北朝時代の禅院を代表する庭を持つ寺。